Título original: *Che idea! Le invenzioni che hanno cambiato il mondo*
Texto de Christian Hill
Ilustraciones de Giuseppe Ferrario
© 2016, Edizioni EL S.r.l., San Dorligo Della Valle (Trieste) / www.edizioniel.com
Los derechos de esta edición se han negociado a través de Ute Körner Literary Agent
www.uklitag.com

ISBN: 978-84-17761-00-4
Código IBIC: YF
DL B 14.441-2019

© 2019, Marta Gil Santacana, por la traducción
© de esta edición, 2019 por Antonio Vallardi Editore S.u.r.l., Milán
Primera edición: octubre de 2019
Duomo ediciones es un sello de Antonio Vallardi Editore S.u.r.l.
www.duomoediciones.com

Gruppo Editoriale Mauri Spagnol S.p.A.
www.maurispagnol.it

Impresión: Grafostil
Impreso en Serbia

Queda rigurosamente prohibida, sin la autorización por escrito de los titulares
del copyright, la reproducción total o parcial de esta obra por cualquier medio o
procedimiento mecánico o electrónico —incluyendo las fotocopias y la difusión a través
de internet— y la distribución de ejemplares de este libro mediante alquiler
o préstamos públicos.

Traducción de Marta Gil Santacana

80 a. C., golfo de Nápoles

Era un día lluvioso de otoño. El mar estaba gris, en calma, parecía casi abatido bajo el diluvio.

Cayo Sergio abrió una de las ostras que llevaba con un pequeño puñal de hierro. La olisqueó, sonrió, cerró los ojos y dejó que el molusco le cayera a la boca, inclinando cuidadosamente la valva plana y grisácea. Le encantaban las ostras.

Las criaba en el pequeño lago Lucrino, muy cerca del mar. Las hacía llegar a las familias más ricas de Roma, transportándolas en cisternas de agua montadas en carros. En Roma, las ostras despertaban pasiones, estaban muy de moda entre las personas más influyentes y, gracias a esta actividad, Cayo Sergio se estaba convirtiendo en el hombre más rico de la Campania.

Un esclavo corrió una cortina, entró en la sala y esperó a que su amo le diera permiso para hablar.

Cayo, aun siendo consciente de que el hombre había entrado, disfrutó todavía algunos segundos del placer de presionar con la lengua el molusco contra el paladar, antes de tragárselo, suspirar y abrir los ojos.

—Dime.

—Ha llegado el *structor*.

—Hazlo pasar.

Cayo Sergio se levantó y se recogió los pliegues de la toga. Estaba engordando. Sonrió, frotándose la barriga con las manos.

—Esto es señal de bienestar —se dijo.

El *structor*, un maestro constructor con cierto renombre en la zona, entró en la sala. Tenía el pelo canoso y las manos grandes y callosas, la piel blanquecina y seca a causa de su trabajo diario con la cal.

—¿Te apetece una ostra? —le preguntó sonriendo Cayo Sergio.

El *structor* ya había oído hablar de las famosas ostras, pero nunca había tenido la oportunidad de probar una. Eran demasiado caras.

Asintió sin alzar los ojos y cogió una. Se pasó la concha por las manos, preguntándose cómo se podía comer algo que se parecía tanto a un trozo de roca mojada.

—Trae —le dijo Cayo Sergio, alargando la mano—. Ya te la abro. Recuerda, no la mastiques: deja que se te disuelva en la boca.

El *structor* siguió las instrucciones... y tuvo que esforzarse para no escupir el molusco. «¡Qué asco!», pensó. Pero se lo tragó, sin decir nada.

—¿A que está exquisita? —le preguntó Cayo Sergio. Pero antes de que el *structor* pudiera encontrar una respuesta diplomática, el criador de ostras lo cogió del brazo y lo acompañó al exterior de la villa—. Nos vamos a mojar un poco, con la que está cayendo —le dijo encogiéndose de hombros—. Pero quiero que veas algo.

Caminaron unos pocos minutos. La lluvia parecía haber amainado, pero antes de llegar a su destino ya estaban empapados. Alcanzaron la orilla. Una estructura de ladrillos se extendía desde la costa, trazaba un amplio semicírculo en la superficie marítima y volvía a tierra firme unos cientos de metros más allá. Sobresalía dos o tres palmos sobre el nivel del mar, de modo que las olas podían superarla, y una serie de arcadas dejaban drenar el agua de la resaca. El *structor* conocía bien ese tipo de estructura: eran cercados para la cría de peces. Él mismo había construido alguno cerca de Pompeya.

—Aquí, amigo —dijo Cayo Sergio—, he pensado criar mi especie favorita, la dorada. ¡Me gusta tanto —añadió sin contener una risita— que mis amigos me han empezado a llamar «Dorada»!

El *structor* asintió. No entendía por qué lo había hecho llamar: la cerca estaba en perfecto estado.

—Pero no lo haré. ¿Y sabes por qué?

Mientras esperaba la respuesta del rico criador, el *structor* se limitó a mirarlo.

—A las doradas no les gusta el mar frío. Cuando llega el invierno se desplazan al sur. Pero para que una dorada se convierta en hembra y pueda producir huevos, deben pasar algunos años. ¿Entiendes el problema?

El *structor* era experto en ladrillos, cal y piedras, pero

de la vida de los peces no sabía absolutamente nada. Ni falta que le hacía.

—Si capturo unas doradas y las retengo durante los meses de invierno para que se conviertan en hembras, morirán. Y si dejo que se marchen al sur... Bueno, pues dejaré de tenerlas, ¿no?

La lluvia estaba disminuyendo, de las nubes ahora ya solo caían finas y fastidiosas gotitas. El *structor*, aunque estaba acostumbrado a trabajar al aire libre, bajo el sol y la lluvia, no entendía por qué tenían que estar charlando justo ahí, a la intemperie.

—Volvamos a la villa —dijo Cayo Sergio. La toga empapada se le pegaba a los michelines—. Quiero enseñarte lo que tengo pensado hacer.

El esclavo ofreció un paño a Cayo y otro al *structor* para que se secaran un poco la cara y el pelo.

—Quiero criar doradas en tanques —afirmó Cayo Sergio, cogiendo un estilete y alisando una tablilla de arcilla.

—Pero ¿y yo qué tengo que ver con esto? —preguntó el *structor*. Su voz sonó ronca, titubeante. La voz de alguien que no está acostumbrado a hablar mucho.

—Quiero que los tanques se calienten.

El *structor* dejó vagar la mirada por toda la sala. Había dos braseros de bronce, en dos rincones opuestos de la estancia, sobre los que montoncitos de brasas calentaban (a duras penas) el ambiente. No habrían funcionado debajo del agua.

—Mira.

Y Cayo Sergio empezó a dibujar. Su mano no era firme y veloz como la del que dibuja con estilete y arcilla cada día. Pero el *structor* entendió por la seguridad del trazo que el criador de ostras había hecho ese dibujo una y otra vez, mejorándolo siempre un poco.

—Quiero calentar el agua con un fuego —explicó Cayo—. Arderá aquí, en este horno.

El *structor* seguía el recorrido del estilete por la arcilla con creciente curiosidad.

—El humo, el aire caliente del fuego, quiero que vaya a parar aquí. —Golpeaba el estilete sobre la arcilla con insistencia—. Aquí debajo, ¿lo ves? ¿Es posible? ¿Aquí, debajo de los tanques?

El *structor* negó con la cabeza. El humo se canalizaba por chimeneas, no por debajo de tanques o pavimentos. Así era como funcionaba la arquitectura desde siempre.

—¿Por qué no se puede? —gritó Cayo Sergio—. ¡Explícame por qué no es posible!

«Vamos a ver», se dijo el *structor*, buscando una respuesta. Empezaba a perder la fe en sus convicciones. «¿Por qué no?»

—Levantamos el pavimento —continuaba Cayo Sergio, golpeando con el estilete sobre la tablilla de arcilla. El dibujo quedaba ahora oculto tras una nube de puntitos—. No mucho. Calculo que bastaría con levantarlo algo así. —Y con la mano señaló un punto un poco por encima de su rodilla.

—Podríamos construir pequeñas columnas —aventuró el *structor*, pausadamente. Parecía no querer exponerse mucho.

—¡Eso es! Como en un templo. Las columnas que hagan falta para aguantar el fondo del tanque como si fuera un techo. ¡Y entre ellas podrían desplazarse el humo y el aire caliente!

—¿Y luego? ¿Por dónde saldrían?

La cara de Cayo Sergio se iluminó con una sonrisa de satisfacción: tenía la respuesta preparada.

—Por las paredes. Pondríamos tubos, dejaríamos cavidades, así el humo podría subir, agruparse y salir por una chimenea.

A regañadientes, el *structor* también sonrió.

—Sí, creo que se podría hacer.

—¡Pues hagámoslo! —gritó Cayo Sergio «Dorada», dándole una fuerte palmada en el hombro al *structor*—. ¿Te apetece otra ostra?

—No, gracias —respondió el hombre, alzando las manos como para protegerse.

Así es como nació el hipocausto, el sistema que caldeaba el ambiente gracias a canalizaciones de aire caliente por debajo del pavimento y por las paredes. Y el precursor de nuestros sistemas de calefacción centralizada. Cayo Sergio «Dorada», tras aplicar este invento a su tanque para criar peces, lo aplicó también a las lujosas villas que empezó a vender con gran éxito. Más adelante también adoptaron el sistema las termas romanas, de las que aún se conservan restos, como los que se pueden visitar en las Termas Estabianas de Pompeya.

el papel
Un invento para el emperador

89 d. C., Luoyang, capital de China durante la dinastía Han

Cai Lun salió por la enorme puerta y en un santiamén se encontró en medio del bullicio y el caótico ir y venir de hombres, mujeres y animales. Un entorno muy distinto al del interior del Palacio Imperial, donde no volaba ni una mosca y todo se desarrollaba en silencio, con orden y precisión. Y con un propósito.

El hombre sabía dónde ir: a la taberna de Li Quan.

El hijo del tabernero lo conocía bien: al funcionario de la corte le gustaba pasar las noches sentado en una mesa apartada del gran salón, en compañía de una vela, una botella de Moutai y sus propios pensamientos. Saludó con una fugaz reverencia al invitado y lo acompañó a la mesa de costumbre.

–¿Moutai, señor?

Cai Lun asintió.

Cuando la botella de porcelana blanca llegó a la mesa, Cai Lun se sirvió una ración generosa de licor. Alzó el vaso y dijo, a media voz:

—¡Por el futuro!

Acababa de estar ante el emperador Zhang, que lo había ascendido y lo había hecho responsable de la producción de herramientas y armas. Un encargo de prestigio, que le permitiría ganar honores y dinero. Pero también era un puesto arriesgado: no estar a la altura de los deseos del emperador podía costarle muy caro.

Ninguna de las personas que tenía a su alrededor parecía haberse dado cuenta de su presencia, estaban todos absortos en sus propias conversaciones. Un par de hombres (según Cai Lun, mercaderes del este, tal vez de Shanghái) estaban discutiendo, con evidente excitación, de dinero y del valor que podía atribuirse a algo que habían puesto encima de la mesa, en medio de los vasos y las sobras de una copiosa cena.

Cai Lun enseguida sintió curiosidad por lo que tenían.

—Disculpen, señores —dijo, alzando un poco la voz para llamar su atención—. ¿Me permitirían ver eso de lo que están discutiendo?

Los dos mercaderes se quedaron callados, lo examinaron detenidamente de pies a cabeza y luego intercambiaron una mirada.

—¿Por qué? —preguntó uno de ellos, con unos largos bigotes que le descendían por las comisuras de los labios hasta al menos un palmo por debajo del mentón.

—Mi nombre es Cai Lun. Soy el responsable de producción del emperador. Me interesa todo.

Los dos hombres se miraron de nuevo. La desconfianza, que se transmitían con la mirada, se transformó en codicia. Quizá podrían hacer negocios. Uno de ellos cogió la fina hoja en blanco y se la dio al funcionario imperial.

—¿Qué es? —preguntó Cai Lun pasándosela de una mano a otra. Era una hoja plana, fina, blanca.

—Lo llamamos *papel*. Se puede escribir en él —explicó uno de los mercaderes.

Cai Lun observó con renovado interés el objeto. Hasta entonces, el imperio había escrito siempre sobre bambú, pesado para transportar, o sobre seda, carísima y frágil.

—¿Quién lo fabrica? —quiso saber.

Los dos mercaderes intercambiaron una mirada, luego hicieron un gesto impreciso.

—No se sabe —empezó uno de los dos.

—Algunos campesinos, en el campo —continuó el de largos bigotes—. Pero hay quien lo hace bien y quien lo hace mal. De vez en cuando nos cae alguna hoja en las manos, y tratamos de venderla al mejor postor.

—Es un método antiguo, casi desconocido... —intervino el primero—. Tiene un gran valor —subrayó luego, asintiendo con determinación—. Especialmente el que tiene en las manos, señor. Es de una calidad excelente.

Cai Lun se pasó el papel entre los dedos y observó cómo se deshacía en pocos segundos. Quizá sí que se podía escribir en él, pero no duraría mucho tiempo. Sin duda, no era adecuado para los documentos imperiales.

—Este me lo quedo, en nombre del emperador —soltó de todos modos.

—¡Pero...! —protestaron los dos mercaderes.

—Os dejo mi Moutai. ¡Tomaos una copa! —dijo levantándose y abandonando el local.

Ya en el exterior, se apoyó contra el muro de la taberna, en un punto donde tocaba el sol. Entornó los ojos y empezó a examinar el papel, rasgándolo en pequeños fragmentos, observándolos a contraluz, olfateándolos, probándolos, rascándolos con las uñas.

—Fibras —murmuró—. Fibras secas.

Dos días después, en el jardín adyacente a su vivienda le entregaron todo el material que había pedido: corteza de varios árboles, trapos de algodón y lana, cuerdas de cáñamo, redes de pesca. Quedó todo amontonado sin orden ni concierto, aquí y allá en el pequeño terreno.

—¿Qué haces, Cai? —le preguntó un vecino, riéndose—. ¿Ahora recoges basura?

El vecino también trabajaba en el Palacio Imperial, pero no ocupaba un cargo de prestigio como Cai Lun.

—Llevo entre manos una investigación para el emperador —mintió.

—Bueno, espero que tu investigación no huela mucho —dijo el otro, apuntando la nariz hacia el cielo y marchándose con aire altivo.

Cai Lun se había hecho traer un tanque de agua y lo había colocado encima de un gran fuego.

—Fibras —murmuraba mientras tocaba, olfateaba, palpaba, probaba los distintos tipos de corteza, los trapos... e incluso las viejas redes de pesca. Y luego iba tirando esto y lo otro en la caldera donde hervía el agua.

De vez en cuando, removía la mezcla. Pescaba una masa blanda e informe, la extendía sobre una piedra plana y la estudiaba, tocándola con un bastón y sacudiendo la cabeza, insatisfecho. Y luego añadía un poco de corteza de tal árbol, o un trozo de cuerda. O una red de pesca.

Así continuó durante todo el día.

Al atardecer, llegó su vecino.

—Cai, ¿aún juegas con esa basura?

Esta vez Cai Lun no le contestó.

Durante días siguió probando con varias «recetas».

Más corteza (la de sándalo le pareció especialmente eficaz), menos lana. Más algodón. Un poquito más de red de pesca. Quizá un puñado de viejas cuerdas de cáñamo.

El vecino ya no le hacía caso.

Hasta que una mañana, Cai Lun exclamó:

—¡Ya lo tengo!

Volcó la masa blanquecina sobre un tamiz plano y, pasando por encima un rodillo, fue escurriéndola tanto como pudo.

—¡Ya lo tengo! ¡Ya lo tengo! —exclamaba de vez en cuando.

Extendió la pasta húmeda sobre una tabla de madera, la cubrió con otra tabla y la prensó con un montón de piedras, derribando así la estructura de piedras que tanto gustaba a su vecino.

Luego esperó, dejando que el sol hiciera su trabajo.

El sol se lo tomó con calma: tardó casi dos semanas en secar por completo la capa de pasta prensada que había entre las dos tablas. Pero cuando Cai Lun la sacó, se encontró ante una hoja de papel bastante fina, casi blanca (excepto por alguna nervadura más oscura y una mancha roja surgida de quién sabe dónde) y sobre todo más resistente que el trozo de papel confiscado a los dos mercaderes.

Entró corriendo en casa, cogió un pincel y tinta, y empezó a escribir encima.

El papel absorbía el pigmento sin generar manchas: la escritura quedaba muy nítida.

Exultante, enrolló la hoja de papel, se lo metió bajo el brazo y salió corriendo hacia el Palacio Imperial.

El emperador, cuando le concedió audiencia, estudió con atención la hoja.

—Nos interesa —dijo al fin dando por concluido el tema.

Cai Lun sabía que había dado en el clavo.

Hoy en día ya no se usan trapos, cuerdas y redes de pescador: las fibras que forman nuestro papel derivan de la celulosa de los árboles que se plantan a propósito en grandes bosques sostenibles dedicados a la industria papelera. Pero, aparte de la industrialización, el procedimiento no ha cambiado mucho.

El lápiz
un asunto muy político

1795, París, Francia

La antesala del despacho de Lazare Carnot parecía haber sido diseñada especialmente para generar incomodidad en los visitantes. Un sofá de terciopelo rojo, de aspecto lujoso, pero que en cambio resultaba ser muy incómodo para sentarse porque los muelles se clavaban insistentemente en los glúteos de los infortunados. Un enorme cuadro con imágenes de una sangrienta batalla ofrecía esa combinación perfecta entre oscuridad y violencia que eliminaba el menor atisbo de buen humor a cualquiera que se parase a contemplarlo (o sea, todo el mundo, ya que estaba colgado justo enfrente del incómodo sofá rojo). Por último, el brasero, demasiado pequeño, no lograba proporcionar a la estancia la temperatura mínima necesaria para el bienestar humano, pero en cambio era más que suficiente para dar al aire viciado de la sala un molesto toque de hollín.

La doble puerta de madera maciza de caoba se abrió de golpe y Carnot salió de su despacho y alargó los brazos. El pelo rizado le caía con preciso desorden sobre la frente. Su nariz, larga y redondeada, dominaba todo el rostro y mantenía bien separados sus dos ojos grandes. El hombre, además de ser general y matemático, era sobre todo un político de gran altura. Llevaba puesto el uniforme azul del ejército, pero era tal la cantidad de bordados plateados que decoraban sus solapas, cuellos y puños, que cada vez que estos se cruzaban con un rayo de sol proyectaban reflejos brillantes en la cara del hombre.

—Conté —exclamó—. Acérquese.

Nicolas-Jacques Conté se levantó del sofá. Intentando que no se notara, se masajeó el trasero dolorido. Era un oficial del ejército francés amante de la pintura y de los vuelos en globo aerostático. Pero, sobre todo, tenía fama de ser un hombre de gran ingenio.

—Excelencia —murmuró avanzando hacia el hombre de Estado, que lo esperaba, todavía con los brazos abiertos.

—Tengo una misión para usted. Por favor, pase a mi humilde despacho.

El despacho de Carnot era de todo menos modesto. Enormes columnas de mármol rodeaban el escritorio con incrustaciones de oro sobre el que apenas había espacio para dos enormes bustos de alabastro. Conté no reconoció a ninguno de los dos personajes, pero pensó que no era el momento de preguntar al político sobre la identidad de las dos esculturas.

El invitado aún no se había sentado cuando Carnot le puso un lápiz en la mano.

—Usted sabe qué es este objeto, supongo —afirmó el político sentándose detrás del escritorio. Su cara casi ni se veía entre las dos enormes cabezas de mármol.

—Es un lápiz —balbuceó Conté.

—Exacto. Es un lápiz —lo felicitó Carnot—. ¿Y sabe para qué sirve?

—Pues, diría que para escribir.

Conté cada vez estaba más confuso por la extraña conversación.

—No solo para eso. El lápiz permite escribir a todo el pueblo. Es un instrumento fundamental para el progreso cultural de la nación. ¿Lo entiende?

Conté asintió con la cabeza. Nunca se había parado a considerarlo desde esa perspectiva, pero tenía lógica.

—Muy bien. ¿Y sabe cuál es el problema del lápiz?

—No.

—Ya se lo diré yo, pues, Conté. El grafito es el alma del lápiz. Los italianos pensaron que se podía recubrir con madera, pero sin el grafito puro el lápiz, hoy, no existiría. ¿Sabe dónde se encuentra el único yacimiento de grafito puro del mundo, del que tenemos noticia en la actualidad?

Conté conocía la respuesta.

—En Inglaterra —contestó.

—Exacto. Y como imagino que sabrá... ¡odio Inglaterra! —gritó Carnot—. Hay otro yacimiento, de calidad muy inferior, en Alemania —continuó el político, con un tono de voz más tranquilo.

—Ah.

—Pero tampoco Alemania puede considerarse una nación amiga.

—Es cierto —convino Conté, solo para no hacer enfadar a Carnot.

—Aquí es donde entra en juego usted, querido Conté.

La sonrisa había vuelto a florecer en los labios del político.

—Ah, ¿sí?

—Me gustaría que agudizara el ingenio e inventara un lápiz nacional, francés. Que no dependiera ni del grafito alemán ni mucho menos del inglés.

—Uf —murmuró Conté.

—Lo veo desconcertado.

—No me gusta comprometerme sin antes haber profundizado en la cuestión, señor.

—¡Tonterías! —exclamó Carnot levantándose y señalando la puerta a Conté—. Creo en usted.

Conté salió del despacho bastante preocupado. Se le había encargado que inventara algo sin que nunca antes se hubiera hecho un estudio para determinar si eso que le pedían se podía inventar realmente o no.

—En qué lío me he metido —se lamentó, hablando solo mientras caminaba por la orilla del río Sena.

Sabía que el grafito, al rozar el papel, dejaba una marca oscura. Pensó que lo que ocurría podía compararse con el hecho de que se rompiera la mina. «Romperse», dijo para sí mismo. Luego, se fue corriendo a casa.

Justo al llegar a su escritorio, trazó una línea con el lápiz que le había puesto en la mano Carnot. Después, con la ayuda de una navaja, cortó la punta del grafito y la machacó hasta que obtuvo un polvo fino. Lo tocó con la yema del dedo y lo pasó por encima de la hoja de papel. El grafito triturado seguía dejando marca.

—Basta con tener polvo de grafito —dijo, pensando en voz alta—. Solo tengo que encontrar algún modo para que no se disperse.

El polvo de grafito también se podía encontrar en Francia. De hecho, había varias minas de las que se podía extraer grafito en pequeños nódulos, inadecuados para cortarlos, pero muy apropiados para machacarlos.

Durante los meses que siguieron, Conté consiguió cierta cantidad de grafito que hizo triturar, y luego empezó a experimentar con varios aglutinantes para crear una mina que, sin estar hecha solo de grafito puro, fuera capaz de depositar el polvo de grafito sobre el papel.

A medida que transcurría el tiempo, los resultados empezaron a ser más y más alentadores, y la fe de Conté en las posibilidades de éxito fue creciendo a cada paso que daba.

Llegó el día en el que se encontró de nuevo sentado sobre los incómodos muelles del sofá rojo de Carnot.

Cuando el político lo hizo pasar a su despacho, Conté sonreía tranquilo. Sabía que lo había conseguido.

—Sorpréndame, querido Conté —lo animó Carnot.

El inventor se sacó del bolsillo un lápiz idéntico al que Carnot le había dado meses antes.

—Aquí lo tiene, excelencia.

El político lo estudió unos instantes, luego trazó una línea sobre una hoja de papel.

—Funciona —exclamó—. ¿Todo el material es francés?

—Todo, excelencia. La mina es de polvo de grafito, que podemos producir aquí mismo en Francia, mezclado con arcilla y cocido al horno.

Carnot escribió algunas palabras sobre la hoja.

—Diría que funciona a la perfección.

—No solo eso, excelencia. Pruebe con estos dos —sugirió Conté, dando al político otros lápices.

Carnot los probó: el primero tenía un trazo más claro, muy fino, mientras que el segundo tenía un trazo más oscuro y bastante más grueso.

—¡Vaya! —exclamó el político—. ¿Qué les pasa a estos lápices?

Conté sonrió. Se lo explicó intentando no sonar presuntuoso.

—He descubierto que variando las proporciones entre la arcilla y el polvo de grafito se pueden obtener tipos de mina distintos. Más duras o más blandas, digamos.

—¡Ah! —gritó Carnot—. ¡Los lápices ingleses no hacen esto! ¡Allá ellos con su grafito purísimo! —El hombre se levantó, rodeó el escritorio y los dos bustos, y ofreció ambas manos al invitado—. ¡Felicidades! Felicidades, Conté. Francia entera le está muy agradecida, y sabrá cómo recompensarle.

Nicolas-Jacques Conté inventó el lápiz moderno, el que utilizamos aún hoy, con sus distintos grados de dureza. La marca de lápices Conté se sigue comercializando actualmente.

EL TREN
LA FUERZA DEL VAPOR

1797, minas de estaño, Gales

Llovía a cántaros. Dos hombres, envueltos en pesadas capas, con las botas hundidas en el barro y el frío que les calaba los huesos, observaban la máquina.

Era enorme, monstruosa, resoplaba y chirriaba. La gigantesca rueda de motor giraba lentamente, pero mantenía viva la mina: bombeaba hacia fuera el agua que inundaba algunas de las galerías más profundas, introducía aire fresco en el laberinto de túneles subterráneos, y subía a la superficie el mineral extraído por los mineros a golpe de pico.

—Hijo —dijo el más anciano, responsable de esta mina y de algunas otras—. La máquina nos cuesta más de lo que sacamos con la extracción del estaño.

El otro hombre, su hijo, se llamaba Richard Trevithick.

—¿Estás pensando en volver a los caballos?

—No podemos. Pero entre la tasa que tenemos que pagar al ingeniero Watt por su patente y lo que cuesta el carbón, esta máquina nos va a llevar a la ruina.

Richard enderezó los hombros. Sentía un gran aprecio por James Watt, el inventor del motor de vapor: para él había sido una fuente de inspiración y sus logros habían llevado al galés a dedicarse a la mecánica. Ahora, a los veintiséis, ya se había hecho un cierto nombre como asesor para el funcionamiento de las diversas máquinas que se habían instalado en la zona de las minas de estaño.

—Tenemos que pensar en una máquina distinta —murmuró el joven.

—Watt tiene una patente muy restrictiva para sus inventos —se quejó el padre.

—Pues deberemos inventarnos algo distinto.

Richard se acercó a la máquina. El vapor, generado en la caldera de carbón, accionaba un pistón y hacía girar la gran rueda. Luego, se enfriaba para convertirse en agua y empezar de nuevo el ciclo.

—Pero ¿por qué? —susurró Richard.

Su padre lo había alcanzado. Estaba justo detrás de él y se estaba arreglando el cuello de la capa mojada.

—¿Por qué? Háblame de picos, háblame de vetas de minerales, háblame de estaño y podré aclararte cualquier duda, hijo. Pero sobre los porqués de esta máquina infernal... —El viejo Trevithick se encogió de hombros—. No tengo ninguna respuesta.

—Según mi opinión, usamos energía para calentar el agua. Y después empleamos energía para enfriarla. Utilizamos un montón de energía.

—Ya te lo he dicho: esta máquina se come el carbón como una oruga se come una lechuga. Una oruga, por cierto, siempre hambrienta. En las minas de carbón el problema no existe: ahí tienen todo el que quieran. Nosotros, en cambio, tenemos que comprarlo. Hacerlo llegar hasta aquí... ¿Sabes cuánto cuesta que nos envíen una tonelada de carbón?

Richard no parecía escucharlo.

—Y luego, ¿ves ese aparato de ahí? —le preguntó a su padre, señalando una parte más abultada en uno de los conductos del vapor.

—¿Qué es?

—Eso es el condensador. Sirve para transformar el vapor de nuevo en agua. ¿Ves esa válvula?

Su padre asintió con la cabeza.

—Sirve para limitar la presión que hay dentro. Si la presión sube demasiado, se abre. Si no se abriera, reventaría todo.

—Eso sí que no queremos que ocurra —afirmó el viejo

Trevithick, empezando a calcular de inmediato los costes adicionales que conllevaría una explosión.

—Y no olvidemos que justo eso de ahí, el condensador, es la clave de la patente de Watt.

Trevithick padre asintió de nuevo.

—No lo olvidemos —reiteró.

Había perdido el hilo del razonamiento de su hijo, pero no quería que se notara. Esperó que Richard añadiera algo, pero este parecía completamente absorto en sus pensamientos. Movía silenciosamente las manos, siguiendo con el dedo el recorrido de las tuberías. Sus labios formaban palabras, pero de ellos no salía sonido alguno.

—¿Hijo? —le preguntó el padre, tras algunos minutos—. ¿Va todo bien?

—Tengo una idea.

Tres meses después, Richard llamó a su padre al despacho.

—¡Mira! —exclamó lleno de orgullo mientras le señalaba con las dos manos una máquina de vapor bastante más pequeña que la de la mina. Lo que más llamaba la atención era que había montado la máquina sobre un carro. La caldera estaba encendida y un flujo de vapor salía silbando por una válvula abierta.

—¿Qué diantres es eso, hijo?

El joven Trevithick empezó a describir su invento. Le explicó cómo había tratado de sacar el condensador para dejar que el vapor, tras haber empujado el pistón, fuera liberado en el aire. Le mostró cómo esto permitía usar presiones más altas, y obtener así mayor potencia quemando exactamente el mismo carbón. Y cómo la ausencia de condensador permitía un ahorro de energía, y a su vez también de carbón.

—¿Me estás diciendo, hijo, que eliminando todo eso nuestra máquina consume menos?

—Sí, y también te estoy diciendo que sin condensador ya no tendremos que pagar a Watt, ya que su patente ahora no nos afecta. Y que con una máquina mucho más pequeña podremos obtener la misma potencia que tenemos ahora con la máquina de Watt.

El viejo Trevithick estaba loco de contento. Abrazó a su hijo, estrechándolo hasta cortarle la respiración.

—Pero eso es fantástico —canturreó. Luego se puso serio y preguntó—: ¿Y el carro por qué?

—¡Ah! —se regodeó el hijo. Tenía los ojos muy abiertos y se reía por lo bajo entre respiración y respiración—. Mira, como esta máquina es más pequeña, más ligera... he pensado que podía montarla en un carro.

—¿Para llevarla de aquí para allá? ¿Con qué propósito? Si es necesaria en un puesto... pues es necesaria allí, no en otra parte.

—No, no exactamente. Observa —dijo, y corrió hacia la máquina.

Cerró el grifo de la válvula abierta y el flujo de vapor se detuvo. Un instante después, la rueda de transmisión empezó a girar lentamente, mientras el pistón resoplaba y escupía nubes de vapor. A la rueda de hierro, por medio de engranajes, iban conectadas las ruedas del carro.

También estas empezaron a girar y el carro, poco a poco, empezó a moverse.

El anciano se llevó las manos a la cabeza.

—¡Dios mío! —exclamó.

El joven asintió, con una sonrisa de oreja a oreja.

—Pues sí.

El artilugio, entre algunos chirridos y muchos resoplidos, avanzaba con cierta decisión hacia un árbol.

—¡Maldita sea! —bramó Richard, echando a correr detrás de su invento—. ¡Maldita sea! —gritaba cada diez zancadas, mientras intentaba alcanzarlo sin éxito.

Fue el mismo camino el que lo paró, antes del desastre. Las ruedas, que dejaban profundos surcos sobre el terreno blando, se atascaron en un tramo fangoso. Y, a pesar de todos los resoplidos y jadeos de la máquina, parecía que ya no querían seguir moviéndose.

Richard, con los pulmones a punto de explotar por el esfuerzo, alcanzó finalmente el carro y abrió la válvula de seguridad para liberar el vapor. Luego, se sentó sobre la tierra húmeda para recuperar el aliento.

—Pesa demasiado para circular por estos caminos —afirmó el padre, moviendo la cabeza, cuando llegó a su lado—. Lástima.

—Sí. Habrá que inventar algo.

El viejo Trevithick se sentó junto a su hijo.

—Sabes, hijo, en las minas los carritos para transportar los minerales son muy pesados. Nosotros los hacemos circular por raíles de hierro...

Richard Trevithick, además de haber inventado una máquina de vapor más eficiente, continuó desarrollando su locomotora de vapor. Unos diez años después llevó un prototipo a Londres: una atracción con un recorrido circular de vías por las que se desplazaba una locomotora llamada «Que me coja quien pueda». Pero la gran expansión de las vías férreas y de las locomotoras no tuvo lugar hasta transcurridos treinta años, gracias a la aparición de raíles más resistentes y a la locomotora, más potente, del inglés George Stephenson.

La Bicicleta
El caballo de madera

1839, Dumfries, Escocia

—¿Kirk? —gritó Ian, entrando en el taller donde el joven Kirkpatrick Macmillan ejercía su profesión de herrero.

El joven herrero, de veintisiete años, era un grandullón de espaldas anchas, con una mata de pelo pelirroja y una sonrisa inocente. Ian y Kirkpatrick se conocían desde que eran niños: habían sido un par de pilluelos que, gracias a sus travesuras, se habían ganado cierta mala fama en el pueblo.

—¿Tienes para mucho? Hay una camarera nueva en el *pub* que me gustaría presentarte.

Kirkpatrick, que solo llevaba un mandil de cuero sobre el torso desnudo, estaba martilleando un hierro candente, moldeándolo hasta transformarlo lentamente en un trozo de portón de hierro.

—Tengo que acabar esto, Ian. Dame un cuarto de hora —dijo, volviendo a meter el hierro entre las brasas ardientes y accionando el fuelle para aumentar la temperatura.

—¿Te importa si te espero? —preguntó Ian, comenzando a dar vueltas por el taller.

Kirk continuó trabajando.

—¡Oye! —exclamó el otro chico tras unos minutos—. ¿Qué es esto?

—¿El qué? —preguntó Kirk, sin alzar la mirada y sin dejar de martillear con fuerza.

—Esto de madera que tienes aquí detrás.

Ian apartó algunas barras de hierro para dejar a la vista un artefacto de madera. Dos grandes ruedas, revestidas de hierro, unidas por un travesaño.

—Ah, eso. Es una drasi... dris... Ah, sí, una draisiana. Creo que se llama así.

Kirk había puesto de nuevo el hierro en las brasas y ahora observaba al amigo, con sus musculosos brazos cruzados.

—¿De dónde la has sacado? —preguntó Ian cuando por fin la tuvo entre sus manos.

—La he construido yo. —Kirk no pudo ocultar un deje de orgullo en su voz—. Vi una, de pequeño, hará unos quince años. Y pensé que me haría una para mí. Ya casi ni me acordaba de que la tenía. ¿Cómo la has encontrado?

Ian ignoró la pregunta, mientras se subía al artilugio y se sentaba a horcajadas sobre él.

—Yo también he visto alguna por ahí. ¿Puedo probarla?

La rueda anterior tenía un manillar fijo rudimentario, también de madera. En medio del travesaño había un pequeño acolchado para poder sentarse. Para avanzar, había que impulsarse con los pies.

—Por supuesto —contestó Kirk sonriendo, mientras cogía la barra de hierro incandescente para darle la última serie de martillazos—. Ya casi estoy, Ian.

—Tranquilo, tengo con qué divertirme —exclamó el otro, empezando a corretear por el patio del taller, sentado en el «caballo de madera».

Kirkpatrick acabó el trabajo, guardó las herramientas y se lavó con la ayuda del pequeño barreño que tenía apoyado en un rincón del taller. Luego, se puso la camisa y fue a encontrarse con su amigo fuera. Ian venía a toda velocidad por el camino, dando grandes zancadas y levantando los pies del suelo para intentar mantener el equilibrio.

—¡Yupiiiiiiiiii! —gritaba. Se divertía como un niño.

Kirk se quedó mirando el artefacto que había construido años atrás. «Claro que si no tuvieras que caminar mientras lo montas —pensó rascándose la barbilla—, sería mucho mejor.»

Al día siguiente, contento aún de haber conocido a la camarera nueva, terminó el trabajo del portón incluso antes del mediodía.

Ahora tenía un poco de tiempo libre, antes de afrontar el próximo encargo. Sacó la draisiana, la apoyó en la pared, se alejó unos pasos y empezó a observarla. ¿Cómo podía transmitir el movimiento a las ruedas?

Estuvo tres meses para preparar su invento. Durante todo este tiempo, ocultó el prototipo: quería dar una sorpresa a su amigo Ian. Como en su primer modelo, la estructura era de madera, igual que las ruedas: dos grandes discos, revestidos con un círculo de hierro. Pesadísimos.

Por lo que se refiere a la parte mecánica, en cambio, había confiado en su oficio. Había creado unos tensores, pedales, juntas y cierres de hierro, y luego los había incorporado a su creación.

El manillar delantero se podía girar ligeramente a derecha e izquierda: no mucho, pero ya era un gran avance respecto a la rueda fija de la draisiana. Pero la gran innovación estaba en el sistema de movimiento: un par de pedales que se podían mover hacia delante y hacia atrás, al final de dos barras que había colocado a un lado y a otro del cuadro de madera. Los pedales, unidos a unas varitas de hierro, transmitían el movimiento a la rueda y lo transformaban de lineal a circular.

Cuando Ian se presentó en el taller para invitarlo a ir al *pub*, Kirk cruzó los brazos, sonrió y, con un gesto de la barbilla, señaló su máquina.

—¿Y eso qué es? —le preguntó Ian, dejándose llevar rápidamente por la curiosidad y empezando a tocar y a mover el artilugio.

—Es mi versión de la draisiana. ¿Qué te parece?

—Bonita. —Ian ya se había sentado a horcajadas en el cuadro—. ¿Cómo funciona?

—Coge un poco de impulso, dando unos pasos en el suelo. Luego, pon los pies en los pedales y muévelos hacia delante y hacia atrás.

—¡Déjame intentarlo! —exclamó Ian. Un instante después ya estaba en el patio dando grandes zancadas para coger velocidad—. ¿Así? —gritó alejándose, mientras intentaba colocar bien los pies en los pedales.

Los movió una, dos, tres veces. Después, se paró.

—¡Maldita sea! —gritó.

Kirk salió corriendo hasta donde se encontraba.

—¿Qué ocurre?

Ian sacudió la cabeza, parecía agotado.

—Es cansadísimo —jadeó.

El herrero se echó a reír.

—¡Eres un enclenque! Anda, bájate. Te mostraré cómo hay que hacerlo.

Kirk había dado ya alguna vuelta de prueba sobre su nuevo artefacto, y sabía que efectivamente requería cierta fuerza. Pero la velocidad que se podía alcanzar era considerable, era casi como galopar a caballo. Tres grandes zancadas, los pies en los pedales y a correr: adelante, atrás, adelante, atrás.

Ian lo observó extasiado.

—¡Oye! ¡Vuelve aquí! Quiero volver a probarlo.

Durante las semanas que siguieron, empezó a correr la noticia sobre el invento por toda la zona, alimentada también por los paseos cada vez más largos que a Kirkpatrick le gustaba dar los domingos. Llegaba a recorrer más de veinte kilómetros en menos de una hora. Una vez, en 1842, pedaleó hasta Glasgow, a casi ciento diez kilómetros, cubriendo la distancia en varias etapas a lo largo de dos días.

Pronto empezaron a salir imitaciones y todas se vendían por sumas considerables. Kirkpatrick Macmillan no ganó nunca ni un centavo por su invento.

—Perdona —le dijo un día Ian—, hay un tipo, un tal Dalzell, que vende tu invento y lo hace pasar por suyo.

—¿Y qué?

—¿Cómo que «Y qué»? ¿No te molesta que alguien gane dinero a tu costa?

Kirk sonrió y se encogió de hombros.

—Yo trabajo de herrero —repuso, sencillamente. Y sonrió.

La bicicleta con los pedales que giran y la transmisión por medio de la cadena a la rueda posterior, como la que hoy conocemos, fue inventada en 1885 por un inglés, John Kemp Starley. Entre la creación de Macmillan y la de Starley también apareció el «velocípedo» de los franceses Pierre y Ernest Michaux, padre e hijo: se caracterizaba por tener una enorme rueda delantera a la que se fijaban directamente los pedales y una rueda posterior mucho más pequeña.

Pintar con la luz

1839, Londres, Inglaterra

En la sede de la Institución Real de las Ciencias, en Londres, había una sala donde los miembros de las asociaciones podían relajarse en cómodas butacas de piel rojiza, hojear el periódico, tomar un licor y charlar sobre cosas del mundo, sobre descubrimientos o inventos.

Un atardecer de invierno, John Talbot estaba ahí sentado relajándose tras haber dado una conferencia sobre los últimos descubrimientos acaecidos en botánica: una de sus pasiones junto con las matemáticas, la astrología y la arqueología.

—¡Amigo! —lo saludó su compañero Alfred abriéndose paso entre nubes de humo y corros de científicos. No lo veía desde hacía unos seis años.

—¡Alfie! ¿Cómo estás? —exclamó levantándose y

acogiéndolo en un cálido abrazo—. ¿Cuánto tiempo ha pasado? ¿De verdad había tantas cosas por ver en el continente?

—Sí. Me habría quedado allí dos años más, por lo menos. Pero tuve que adelantar la vuelta porque tenía grandes noticias para darte.

Alfred era un hombre regordete, con un gran bigote blanco, las mejillas rubicundas y unos ojitos que no estaban ni un segundo quietos.

—Pues yo también traigo noticias, ¿sabes? Creo que he resuelto mi problema con los lápices. ¿Te acuerdas de la frustración que sentía por no ser capaz de dibujar nada?

Los dos se sentaron. El cuero de la butaca crujió. Un gesto con la mano, y un camarero llegó con dos vasos de brandi.

—Pues sí, efectivamente, ¡un chimpancé ciego habría creado obras mejores que las tuyas! —Se rio Alfred—. Precisamente, las noticias que traigo tienen que ver con este problema tuyo.

El hombre acarició con los dedos su enorme bigote blanco y luego cogió un objeto que llevaba en la bolsa. Con grandes gestos ceremoniosos se lo dio a su amigo.

Era una placa de metal, probablemente de cobre, puede que cubierta de plata, puesta debajo de un cristal y embellecida por un marco decorado también de cristal.

—Muy bonita —dijo Talbot, después de observarla durante unos segundos. La apoyó encima de la mesita de centro, entre el vaso y el cenicero—. ¿Qué se supone que es esto?

Alfred resopló, puso los ojos en blanco, la volvió a coger y se la volvió a dar a su amigo.

—Obsérvala mejor, amigo mío. Inclínala, que le dé la luz. ¿Lo ves? ¡Soy yo!

Talbot contempló el objeto con más atención. Lo giró para que la luz incidiera en el ángulo correcto y, de repente, como por arte de magia, sobre la placa metálica

apareció el retrato de su amigo en varios tonos plateados, pero con una nitidez impresionante.

—¡Cáspita! —exclamó el académico—. ¿Cómo se llama esto?

—Daguerrotipo. Lo ha inventado un francés que se llama Daguerre.

—Ah —murmuró Talbot, examinando la imagen más de cerca—. ¿Y desde cuándo circulan estas cosas?

—Uy, son el último grito. Daguerre presentó su invento en la Academia de las Ciencias de París hará un mes. He tenido que poner en danza toda la artillería para que me hicieran uno. Y he venido corriendo aquí para dártelo. Usa una cámara oscura para reproducir sobre la placa de cobre la imagen...

Las cámaras oscuras ya se conocían desde hacía unos siglos: a veces eran cuartos enteros o con frecuencia simples cajas de madera cerradas, con un pequeño agujero y una lente en una de las paredes. Proyectaban en el interior la escena que se encontraba en el exterior y los pintores las usaban para dibujar paisajes con mayor facilidad y fidelidad.

Talbot no parecía estar muy entusiasmado.

—Una cámara oscura, sí —afirmó despacio, pensativo—. ¿Directamente sobre la placa de cobre? ¿Así que cada imagen es única?

Alfred asintió. Luego, sacudió la cabeza.

—Pero ¿se puede saber qué te pasa? ¡Pensaba que darías saltos de alegría al ver este daguerrotipo!

Talbot alzó la mirada, poco a poco, con una sonrisa de satisfacción y los ojos que le hacían chiribitas.

—He hecho algo mejor, Alfie, amigo mío.

—¿Qué quieres decir?

-Mira —dijo sacando una bolsita de piel clara de su cartera llena de libros y cuadernos.

Alfred había apoyado su precioso retrato en la mesita de centro, y estaba haciendo girar el vaso de brandi en la palma de la mano.

—De verdad que miraría, pero si no me lo enseñas...

—Ya va, ya va. —Talbot había terminado de juguetear con la bolsita y estaba sacando una hoja de papel—. ¡Mira aquí!

Alfie cogió la hoja, le echó un vistazo y la dejó en su regazo. Luego, levantó un dedo.

—Un momento, por favor.

Buscó con las manos por todos los bolsillos de su chaqueta, mirando al techo.

—¡Ah! —exclamó al fin—. Aquí están. Ahora ya no veo nada sin ellos —se justificó, colocándose unos quevedos sobre la nariz. Luego, volvió a coger la hoja—. ¿Qué es?

Sobre el trozo de papel de escribir figuraba una ima-

gen en blanco y negro: una puerta con un cubo y una pala apoyados en el marco.

—La entrada de mi casa de campo.

Alfred la examinó en silencio. Vistos de cerca, los contornos de las imágenes parecían diluirse un poco el uno en el otro. Y sobre la hoja aparecían también manchas grisáceas.

—Bueno, el daguerrotipo es...

—Más nítido, no hay duda. Eso puedo aceptarlo yo también —reconoció Talbot, un poco enfadado—. Pero admitirás que una hoja de papel es bastante más práctica que tu placa de cobre. Incluso puedo guardarla en un cuaderno. Y, además... —se regodeó—, mira aquí.

Alfred alzó los ojos del papel y vio que Talbot le pasaba otro. Idéntico: la misma imagen, el mismo encuadre. Incluso las manchas grises estaban en el mismo sitio.

—Y aquí —añadió el académico sacando una tercera copia—. Y aquí —mientras hacía aparecer el cuarto ejemplar.

Alfred estudió las cuatro imágenes idénticas.

—Es increíble —murmuró—. ¿Cómo puedes conseguir que la escena siempre quede igual?

Talbot se rio.

—Es fácil —explicó—. En la cámara oscura, que también uso yo, pongo una hoja de papel impregnada con algunos agentes químicos. Cuando abro el orificio de la cámara oscura, en la hoja se imprime una imagen invisible. Pasando la hoja por otra solución química, la imagen se revela. Pero no aparece igual que en la realidad: todo queda al revés. Lo que en la escena real era claro, en la imagen aparece oscuro. Y viceversa. Yo lo llamo «negativo». Si se usa para repetir el proceso, todo se invierte de nuevo: los claros vuelven a ser claros. Y del negativo puedo sacar todas las copias que quiera.

—Es increíble —repitió Alfred, mientras seguía comparando una imagen con otra.

—Aún no estoy satisfecho, Alfie. Es un proceso lento: debo tener abierto el agujero de la cámara oscura durante unos diez minutos. Funciona con los paisajes o... las puertas y los cubos, pero con los retratos de personas... estoy trabajando en ello.

—¿De cuándo son estas imágenes? —preguntó Alfred, señalando las hojas que tenía esparcidas en el regazo—. ¿Se las has enseñado a alguien?

—¿Esas? Tendrán tres o cuatro años. Pero aún no son perfectas, Alfie. Eres el primero en verlas.

—Bueno, recuerda que aquel tipo, Daguerre, va contando por París que él ha inventado cómo capturar la luz. Si el mundo supiera que existe esto... ¿Cómo podríamos llamarlo?

—¿Dibujo fotogénico?

—¿Y por qué no talbotipo?

En cuestión de veinte años, la daguerrotipia fue olvidada, mientras que el proceso negativo-positivo de Talbot se convirtió en la fotografía que dominó el mundo por casi dos siglos, antes de ser sustituida por la fotografía digital. Nuevos agentes químicos permitieron a Talbot obtener fotografías con tiempos de exposición mucho más rápidos (las llamadas «instantáneas»). Así mismo, con el uso de un soporte para el negativo, que primero fue de cristal y luego de celulosa, se resolvieron también los problemas de nitidez.

El ordenador
Una mirada al futuro

1842, Universidad de Cambridge, Inglaterra

—Siéntese, condesa. ¿Una taza de té?

El profesor Charles Babbage tenía unos cincuenta años y siempre iba despeinado. Dedicaba parte de su tiempo al estudio y a la enseñanza de las matemáticas. El resto, en cambio, era todo para sus «máquinas». La máquina diferencial, que debería haber sido capaz de desarrollar de manera autónoma algunos cálculos aritméticos predefinidos, ya se había proyectado en detalle, y algunas de sus partes incluso ya se habían construido.

La máquina analítica, en cambio, era aún un proyecto sobre el papel. Pero prometía ser algo increíble.

De hecho, tras una conferencia de Babbage en Turín, el matemático italiano Luigi Menabrea publicó un artículo sobre ella en francés en el que la describía con gran entusiasmo. Fue justo por este motivo que Ada King, condesa de Lovelace, hija del famoso poeta Lord Byron, experta en lengua francesa y apasionada de las matemáticas, había sido invitada a la pequeña oficina del profesor.

—Gracias, profesor. Es un placer —respondió ella, sentándose en la punta del cojín de una de las butacas de piel, con la espalda bien recta y las manos apoyadas en el regazo. Era una joven de veintisiete años con una mente brillante y abierta a todo lo que era nuevo—. Una nube de leche, por favor. Y nada de azúcar.

El profesor sirvió la bebida en dos tazas de porcelana decoradas con finos dibujos azules. Le dio una a la invitada, y luego se sentó en la otra butaca, no sin antes sacar de ahí las altas pilas de libros que alguien había dejado.

—Perdone el desorden, *lady* Lovelace. La máquina analítica me absorbe hasta tal punto que me cuesta seguir con el resto de obligaciones —intentó justificarse el hombre, pasándose una mano por el pelo rebelde.

—Profesor, siento una gran admiración por su trabajo. ¡Me da igual el desorden!

Babbage se sonrojó. Se aclaró la garganta tosiendo un poco.

—¿Ha tenido ocasión de...?

—Por supuesto —lo interrumpió ella, inclinándose

y sacando algunas hojas de su bolso. Su caligrafía era diminuta, suave, pulcrísima—. He traducido el artículo de Menabrea, como me pidió. Y —añadió con una sonrisa tímida—, me he permitido introducir alguna observación personal.

Babbage recorrió con la mirada el manuscrito. Además de la traducción, había una sección titulada «Notas», tres veces más larga que el mismo artículo.

—¿Observaciones personales?

—He dejado que Menabrea me guiara a la hora de comprender la máquina. Creo que he entendido cómo será y puede que haya intuido qué podrá hacer. Perdone mi impaciencia, pero ya no aguanto más, ¿puedo verla?

—¿Ver qué?

La joven levantó las cejas e inclinó el rostro hacia la derecha.

—La máquina analítica, profesor. ¿Dónde está?

—Ah —contestó Babbage, pasándose las manos por el chaleco. Bebió un sorbo de té—. Bueno, por ahora, la máquina es básicamente un proyecto en papel. Solo tengo algunas piezas, que me ha construido un artesano...

La condesa no consiguió ocultar su decepción. Esperaba que el viaje a Cambridge le brindara la ocasión de ver en acción el increíble invento. Se encogió de hombros.

—Me contentaría con ver solo esas...

—Ah.

—Si puedo, evidentemente...

—Claro que sí —murmuró el profesor, sin mover ni un músculo de la cara—. Claro que sí —repitió tras un largo silencio—. Claro que sí. Por favor, acompáñeme.

Pasillos, más pasillos, escaleras, más pasillos. Babbage condujo a Ada al sótano.

—Me siento un poco incómodo —decía, mientras le iluminaba el camino con un candelabro—. Aquí abajo, el ambiente no es apropiado para una señora.

—¡Por favor! No me voy a asustar por un poco de polvo y alguna telaraña.

—Espero que no haya también algún ratón —susurró el hombre.

La condesa hizo como si no lo hubiera oído. Cerró los ojos y rogó para no encontrarse con ningún roedor entre sus pies.

Finalmente, llegaron a una sala poco más grande que un trastero, vacía, polvorienta y con un fuerte olor a humedad. Sobre un estante, la luz de las velas se reflejó en un complejo conjunto de engranajes, palancas y ruedas de latón.

—Aquí está —indicó Babbage, sin mucho entusiasmo—. Este sería el módulo de almacenamiento. Donde la máquina guarda los números.

—Su memoria —dijo en voz baja la condesa. La emoción la había dejado sin aliento—. Es complicadísima. ¿Puedo tocarla?

Babbage cogió con cierta dificultad el artilugio y lo dejó encima de una mesa. Tenía el tamaño de una maleta grande.

—Obviamente —explicó— esta es solo una pequeña parte del módulo. Cuando la máquina analítica esté terminada, este módulo será mucho, pero que mucho más grande.

—Pero ¿cómo será de grande la máquina? —le preguntó Ada—. Cuando esté acabada, quiero decir.

El profesor gesticuló abriendo los brazos.

—¡Oh! Será enorme. Gigante. Llenará un almacén entero. Además de este, habrá el módulo de elaboración, y el que recibirá las instrucciones. Y también el que imprimirá las soluciones. Y las informaciones pasarán de este módulo a aquel. Y además... —Su voz se perdió, mientras soñaba con la inmensa complejidad de su invento. Con dos dedos hacía girar una de las ruedas dentadas que accionaban un centenar de piezas más—. Y también tendrá un motor de vapor para mover todos los engranajes que habrá.

En ese momento Ada tuvo la sensación de que nunca llegaría a ver la máquina analítica en funcionamiento.

De vuelta al despacho, el té ya se había enfriado en las tazas.

—Podremos resolver con gran rapidez y sin errores muchos cálculos aritméticos —le explicaba el profesor.

—Seguro que sí —lo interrumpió ella—. Pero, si me permite, creo que la máquina podrá hacer mucho más que eso. Nos va a posibilitar trazar patrones algebraicos. —Se detuvo y miró fijamente al profesor—. ¿Entiende lo que le quiero decir?

—Pues la verdad es que... no.

Intentando controlar la emoción, Ada se inclinó hacia delante y habló con prontitud:

—La máquina podría trabajar en otras cosas más allá de los números. Objetos cuyas relaciones puedan ser expresadas con las leyes abstractas de las matemáticas... Por ejemplo, piense en los sonidos, en la armonía. Si encontráramos las reglas que los unen, la máquina podría analizarlas, reproducirlas. Quizá componer canciones...

—Bah —dijo Babbage con un gesto del brazo—. No creo... —Luego la miró fijamente a los ojos y se le contagió el entusiasmo—. Aunque... quizá... ¡tenga razón!

La muchacha señaló una de sus «Notas».

—¿Ve? He intentado escribir una serie de instrucciones que permiten a la máquina encontrar una secuencia de números aleatorios...

El profesor examinó las notas durante unos minutos, asintiendo cada vez con más ganas.

—Son los números de Bernoulli —exclamó finalmente.

—¡Exacto!

—¡Ah, no veo el momento de que la máquina esté

terminada para que entre en acción esta secuencia de operaciones!

La máquina analítica de Babbage no se llegó a construir nunca. Era demasiado compleja para la época. Pero se ha considerado siempre el primer ordenador de la historia, porque disponía de elementos separados para introducir, memorizar, elaborar e imprimir datos. Además, igual que ocurre con los ordenadores de hoy en día, no se construyó para llevar a cabo una sola tarea, sino que se le podía enseñar a realizar varias tareas utilizando diversos programas. La condesa de Lovelace fue la primera persona capaz de ver su potencial y, actualmente, es considerada la primera programadora conocida: su secuencia de operaciones para el cálculo de los números de Bernoulli es el primer software *de la historia.*

LA MÁQUINA DE ESCRIBIR

La llegada del teclado

1868, Milwaukee, Estados Unidos de América

—Te he traído una taza de café, Latham —dijo Mary Jane, después de llamar a la puerta del estudio de su marido.

—Pasa, pasa. Quiero enseñarte mi invento: ya casi lo he terminado.

Mary Jane empujó la puerta con el pie y, con cuidado de no tirar la pequeña bandeja con una gran taza de café humeante y un platito con cuatro galletas, entró. No accedía nunca al pequeño reino de Latham.

Una de las paredes estaba recubierta por una librería, donde los volúmenes de mecánica se alternaban con pequeños modelos de metal y madera. Junto a la ventana había un gran escritorio. El área de trabajo estaba marcada y manchada por innumerables destornilladores que se habían escapado de la mano, taladros que habían perforado con demasiada profundidad, tazas de café que habían dejado cercos marrones, plumillas que habían perdido gotas de tinta, perlas de grasa lubricante que habían formado halos irregulares. Pero la superficie del escritorio de todos modos no se veía, de tan cubierta como estaba de herramientas, dibujos, hojas de papel.

En medio de todo aquel caos, iluminado por una lámpara de aceite, se encontraba el invento de Christopher Latham Sholes. Era una gran caja de madera oscura, abierta por delante. En su interior una densa telaraña de varillas metálicas, palancas y palanquitas. Y, delante, un teclado parecido al de un pianoforte, con dos filas de teclas: una de marfil blanco, la otra de ébano oscuro.

—¿Qué te parece que es? —le preguntó Latham, con los ojos centelleantes de emoción.

—Bueno, yo te había pedido una máquina de coser... —se aventuró Mary Jane, aunque la Remington de su amiga Louise era totalmente diferente.

—No —Latham negó con la cabeza, sin dejar que su sonrisa se apagara—. ¿Segundo intento?

Mary Jane la examinó más de cerca. Sobre las teclas blancas y negras se distinguían las distintas letras del alfabeto, además de algunos números. Se encogió de hombros.

—Me rindo. Dímelo tú.

—Esto, querida, es una máquina de escribir —le explicó rebosante de satisfacción.

Mary Jane se echó a reír. Era una mujer divertida, que siempre intentaba mantener un ambiente alegre en casa... pero esta vez de tanto que se reía se le saltaban lágrimas.

Latham, a quien la reacción había cogido por sorpresa, también se echó a reír. Pero, mientras su mujer continuaba riéndose a carcajadas sin poder parar, el hombre empezó a ponerse más serio.

—¿Qué es lo que te parece tan gracioso, si se puede preguntar?

—¡Es que me parece la cosa más inútil del mundo! —exclamó Mary Jane, secándose los ojos con un pañuelo.

El marido se la quedó mirando en silencio. Su mirada era ahora tan seria, que Mary Jane consiguió controlar su hilaridad.

—¿Y por qué, si se puede saber?

Mary Jane le pasó una mano por delante de los ojos y dijo:

—Aquí tienen la «máquina de escribir».

Y, para subrayar mejor el concepto, cogió una pluma y garabateó algo en una hoja de papel.

Latham la miró impertérrito, sin abrir la boca durante dos largos minutos.

—Pensé que era como tu máquina de coser —dijo con voz firme.

—Sí, pero —balbuceó su mujer— no es lo mismo... Coser no es como escribir.

—De todos modos —continuó imperturbable el marido, cogiendo la hoja donde Mary Jane apenas había escrito y examinándola unos segundos—, aquí no se entiende nada.

—¿Y qué importa?

—Pues que, con mi máquina, podremos escribir más

rápido, y de una manera que siempre sea legible. Como si fuera un libro impreso.

Mary Jane le cogió la hoja de la mano y la contempló. Tuvo que admitir que la palabra que había escrito era tan confusa que hasta ella tenía problemas para leerla.

—Déjame ver, pues.

Latham enderezó los hombros.

—Será un placer —dijo. Luego, se crujió los nudillos y, como un pianista un instante antes de iniciar un concierto, colocó las manos sobre el teclado—. ¿Qué quieres que escriba?

—«Adoro a mi queridísima esposa», por ejemplo.

—De acuerdo. —Latham vaciló—. Vamos allá —dijo, mientras buscaba la A. A continuación, empezó a escribir.

Los números ocupaban la parte más a la izquierda del teclado. El alfabeto de la A a la M estaba situado en el resto de teclas blancas, mientras que el de la N a la Z se localizaba en las negras. Cada vez que se presionaba una tecla se accionaba una palanca a la que iba unida una varilla de metal. Y cada varilla, a su vez, accionaba otra palanca que impulsaba un martillito que llevaba la letra hasta la hoja de papel. Un trozo de cinta entintado, entre el martillito y el papel, permitía que la letra se estampara.

Latham escribía cada vez más rápido, a medida que se familiarizaba con el teclado. Pero cuando llegó a las dos últimas letras, los martillitos de la S y de la A, muy cerca el uno del otro en la máquina, se encontraron a mitad de camino y se atascaron.

—¡Maldita sea! —soltó Latham.

—¿Qué sucede?

Mary Jane estaba inclinada al lado de su marido y había olvidado ya sus objeciones.

—Por desgracia, esto ocurre a menudo. —Latham había cogido un destornillador de relojero y estaba desatascando los martillitos, moviéndose con cuidado entre el bosque de varillas—. Tengo que trabajar más en ello.

Pasó más de un año antes de que Latham invitara de nuevo a su mujer a entrar en el estudio. La nueva versión de la máquina de escribir estaba cubierta con un trozo de tela de terciopelo verde.

—¿Estás lista? —le preguntó, preparándose para descubrir la creación con grandes gestos teatrales—. Pero esta vez, por favor, no te rías.

—¡Es igual que la primera! —exclamó ella apenas se la mostró. Pero enseguida se arrepintió e intentó disimular la descortesía con una sonrisa.

—No —replicó Latham, un poco enfadado—. No lo es. Fíjate en el teclado. —Y con el dedo, para no dejar lugar a dudas, se lo mostró.

Mary Jane lo miró. En efecto, era totalmente diferente. Las teclas de pianoforte habían desaparecido y habían sido sustituidas por cuatro filas de teclas redondas. La primera fila contenía los números, las otras tres, las letras, todas desordenadas.

—Q, W, E, R, T, Y —empezó a leerlas—. Pero ¿por qué has puesto estas letras? No tiene ninguna lógica —soltó. Y una vez más se arrepintió—. Perdona, Latham, no quería ser grosera... Pero ¿cómo consigues encontrarlas?

—No había otra solución. Estoy seguro de que con un poco de práctica, cualquiera puede aprender a encontrarlas en el teclado.

—¿No había otra solución? ¿Qué quieres decir?

Mary Jane acercó una silla a la mesa de trabajo de su marido y se sentó.

—Los martillitos seguían atascándose. Así que pedí a mi amigo Amos Densmore... ¿Lo conoces? Es profesor.

—¿Qué le pediste?

—Me preparó una lista con las parejas de letras que aparecen en sucesión con mayor frecuencia en nuestra lengua.

Mary Jane asintió con la cabeza: estaba empezando a comprenderlo.

—Y luego —continuó su marido—, dispuse las letras de manera que las que tienen mayor probabilidad de usarse sucesivamente quedaran a distancia las unas de las otras.

Tras muchos intentos —concluyó, con una sonrisa de oreja a oreja y una buena dosis de falsa modestia—, llegué a esta disposición.

Mary Jane la examinó, entornando los ojos.

—¿Y ahora funciona?

—Sí, mira.

Los dedos de Latham volaron veloces sobre el teclado. Y en su hoja de papel apareció escrito:

ADORO A MI QUERIDÍSIMA ESPOSA.

La máquina de escribir ha acompañado la vida profesional de hombres y mujeres durante más de ciento veinte años, y ha sido jubilada solo con la popularización del ordenador que se ha producido en los últimos treinta años. Pero la distribución de las teclas ideada por Christopher Latham Sholes, llamada QWERTY por ser la primera secuencia de letras que compone el teclado, continúa siendo utilizada en todos los teclados de ordenador, teléfonos inteligentes y tabletas.

EL TELÉFONO
la voz que nos acerca

1871, Staten Island, Nueva York, Estados Unidos de América

Ester había contraído la enfermedad en 1854: una artritis reumatoide que con los años la había dejado postrada en la cama.

Antonio Meucci se había mudado con ella, su mujer, a la ciudad americana algún año antes, después de pasar unos quince en Cuba. Ahora su jornada discurría yendo del laboratorio que tenía en el sótano, donde desarrollaba sus inventos, al dormitorio del primer piso, donde cuidaba de su mujer y le hacía compañía.

La pareja había llegado a Cuba como parte integrante de una compañía de teatro italiana que había sido contratada por un empresario de la isla caribeña. Ester se ocupaba del vestuario, mientras que Antonio era tramoyista.

Gracias a sus inventos, pronto consiguió hacerse un nombre en la isla. Un día de 1849, mientras por encargo de un médico estudiaba los efectos de la corriente eléctrica sobre el cuerpo humano, descubrió casi por casualidad que una lengüeta metálica podía detectar las ondas sonoras y transformarlas en impulsos eléctricos, y que otra lengüeta podía reproducirlas. Antonio, que en ese momento tenía otros compromisos, aparcó el descubrimiento, pero se propuso profundizar en él más adelante.

Recién llegado a la metrópolis americana, empezó a buscar cómo mejorar el aparato que en su primera versión, en Cuba, conseguía transmitir solo una idea vaga de lo que se había pronunciado delante de la lengüeta metálica. Tras varios intentos, con resultados más o menos alentadores, acabó sustituyendo la lengüeta por una membrana de papel unida a un imán, y, finalmente, obtuvo el resultado esperado.

—Ester —dijo en voz baja, después de haber llamado a la puerta entreabierta.

—Antonio, pasa, estoy despierta.

El hombre entró en la pequeña habitación decorada con muebles económicos. En las paredes, para intentar aportar un poco de alegría, habían colgado algunos pósteres de las obras que habían llevado a escena en el teatro donde habían trabajado. Como siempre, a Antonio se le encogió el corazón: ver a su mujer postrada en la cama, pálida y sudorosa, era un espectáculo dramático. La compañera de su vida rebosaba energía hasta hacía unos pocos años y no estaba quieta ni un solo segundo, y ahora...

—Te he traído algo...

—¿Un libro? —preguntó ella. No había sido una gran lectora a lo largo de su vida: siempre había preferido tener una aguja en la mano en lugar de un libro. Pero la enfermedad y la reclusión en la cama le habían hecho redescubrir la literatura.

—No. Mi *teletrófono*. Ahora funciona bien...

Intrigada, la mujer intentó incorporarse sobre un codo. Pero enseguida se rindió, torciendo la boca en una mueca de dolor intenso.

—No te muevas —dijo él, pasándole una mano por la frente—. No te muevas, si te duele...

—Quería ver tu tele... ¿Cómo has dicho que se llama?

—El nombre se lo he puesto yo: *teletrófono*. Porque lleva el sonido lejos, usando la electricidad.

—Es un nombre complicado. Quizá podrías simplificarlo —sugirió ella, siempre práctica y dispuesta a aconsejar a su marido.

—Quizá sí —replicó él—. Me lo pensaré. Mientras tanto, aquí tienes tu aparato. El otro está abajo en mi laboratorio. Cuando quieras hablar conmigo, haz sonar la campana y habla por aquí. Yo te oiré.

—¿Es como el sistema que instalaste en el teatro nuevo de La Habana?

El inventor negó con la cabeza.

—No, eso era solo un tubo que transmitía el sonido sin modificarlo. Aquí, en cambio, tu voz se transformará en impulsos eléctricos y podría recorrer distancias enormes, incluso kilómetros enteros a lo largo de los cables, para volver a ser tu voz de nuevo.

—¡Antonio, no me tomes el pelo!

Al inventor le brillaron los ojos. Detrás de la barba poblada, que ahora era casi más blanca que negra, se dibujó una sonrisa.

—¡Vamos a probarlo!

Y bajó corriendo las escaleras.

Ester cogió el extraño aparato de madera y lo estudió con mucha atención: los cables eléctricos que había pegados no auguraban nada bueno. Luego, se produjo el milagro:

—¡Ester, Ester!

La membrana de papel de color arena parecía hablar: tenía una voz áspera, aguda, ronca. Pero la cadencia toscana era la típica de Antonio.

La mujer intentó acercarse el aparato a la boca.

—¿Antonio? —preguntó, con la misma convicción de quien tiene que hablar con un fantasma.

—¿Te das cuenta? ¡Funciona! —dijo la voz áspera exultante—. ¡Funciona!

Siempre pragmática, Ester comprendió de repente lo que tenía que hacer:

—Has de patentar este aparato, Antonio. Podría solucionar nuestra situación.

Pero el aparato ya no dijo nada más.

Abordar el tema de su situación económica siempre era deprimente. Las cosas no habían ido bien durante los primeros años que habían pasado en Estados Unidos. Su fábrica de velas estaba al borde de la quiebra y algunas malas inversiones habían dejado a los Meucci casi en la bancarrota. Y de regresar a Italia, ni tan siquiera se hablaba: con su pasado de revolucionario, el inventor no sería recibido con los brazos abiertos.

La cara ancha y dulce del hombre apareció por la puerta de la habitación de la esposa. No se le veía la boca, bajo la barba. Pero bastaba con fijarse en sus ojos para leer la expresión devastada de su rostro.

—No tenemos bastante dinero para la patente, Ester. No hablo bien inglés, no puedo hacerlo solo. Y el abogado me ha pedido doscientos cincuenta dólares.

—¿Doscientos cincuenta? Pero eso es una suma enorme...

Ester no logró contener las lágrimas. ¿Por qué el destino se empeñaba en hacerles la vida tan difícil?

El hombre se sentó en la cama y apoyó una mano al lado de su mujer.

—Si consiguiéramos vender el *teletrófono*, no pasaría nada. Pero es un pez que se muerde la cola: sin dinero no hay patente; sin patente no hay ninguna venta; sin ventas no hay dinero.

—Entonces, ¿qué podemos hacer? —preguntó ella, secándose los ojos con un pañuelo.

—He empezado por presentar una advertencia de patente. No cuesta mucho dinero: diez dólares, pero he conseguido reunirlos. Este documento debería cubrir la autoría del invento durante un año.

Ester sacudió la cabeza.

—Pero eso no es para siempre...

—No. La tendré que renovar cada año hasta que consiga patentar el *teletrófono*. Mientras tanto, estoy negociando con la compañía de telégrafos, quizá me dejen usar sus líneas para hacer experimentos a larga distancia. He conocido a un escocés muy simpático que trabaja allí: se llama Bell. Me va a ayudar. Lo conseguiremos, Ester. Lo conseguiremos.

Tras varios problemas financieros, a los que también se añadió un dramático accidente de navegación, la situación económica de los Meucci fue empeorando, hasta que, en 1874, ya no pudieron ni tan siquiera pagar los diez dólares anuales para renovar la advertencia de patente. Además, la compañía de telégrafos donde trabajaba Graham Alexander Bell declaró que los prototipos del teletrófono *que les había dejado en depósito se habían perdido. En 1879, Bell presentó la patente para «su» teléfono, que no era muy distinto del de Meucci. A raíz de eso, empezó una larga batalla legal que, por un extraño error judicial, acabó dando la patente al escocés. No fue hasta 2002 cuando el Congreso de los Estados Unidos publicó un documento en el que se reconocía la total autoría del teléfono al inventor italiano.*

El automóvil
la carroza con motor

1887, Stuttgart, Alemania

Todo era cuestión de potencia. En realidad, de peso y de potencia. De eso, los tres socios estaban seguros.

Los motores de vapor eran enormes, pesados, difíciles de manejar. De hecho, habían sido útiles para los trenes, inmensas locomotoras tan pesadas que debían circular por trazados especiales hechos con vías de acero; o también para los barcos, en los que no había falta de espacio y el peso era un problema relativo. Necesitaban hornos donde quemar el carbón, calderas donde el calor del fuego hiciera evaporar el agua, grandes cilindros para transformar la energía del vapor en movimiento y potencia. Y, además, también se necesitaba un depósito para conservar el agua que debía hervirse en la caldera.

Pero los tres socios alemanes querían otra cosa, mucho más complicada. Querían motorizar una carroza. Sustituir el caballo, que durante siglos y siglos se había enganchado al carro, por un motor.

Dos de ellos, Wilhelm Maybach y Gottlieb Daimler, eran ingenieros mecánicos. Emil Jellinek, en cambio, no entendía de motores ni de mecánica: era un hombre de negocios que sabía gestionar el dinero y que había decidido financiar las investigaciones de Daimler. Se había unido al grupo porque creía que sus ideas podían tener éxito.

Ya tenían un motor en el que trabajar. Algunos años antes, su compatriota Nikolaus Otto había inventado el motor de combustión interna, también llamado «de explosión». Comparado con el de vapor, este no necesitaba hornos, calderas, depósitos... Todo ocurría dentro de un cilindro: el carburante estallaba y la explosión empujaba el pistón. El motor de Otto funcionaba con gas metano, era más bien ligero y moderadamente potente.

Pero no lo bastante.

Daimler, que había empezado su carrera trabajando precisamente en el taller de Otto, había desarrollado algunas ideas para mejorar el motor, entre ellas un accesorio de cerámica que, incandescente por una descarga eléctrica, podía provocar la explosión. Maybach, por su parte, había inventado otro aparato que regulaba la cantidad de aire y de combustible que entraban en el cilindro: solo la proporción justa aseguraba una explosión completa y controlada.

Ahora los tres hombres, en mangas de camisa, estaban de pie alrededor de un gran banco de trabajo. El motor que habían desarrollado estaba, parcialmente desmontado, sobre la superficie rayada de madera punteada de manchas de aceite y grasa, bajo la luz vacilante de una lámpara de petróleo. En un balde de hojalata había algunos tornillos sumergidos en un líquido de olor muy fuerte que solía usarse para eliminar las manchas y los restos de grasa lubricante. El líquido, que algunos llamaban gasolina, era un derivado del petróleo y en aquellos tiempos se usaba como quitamanchas y se podía comprar en la farmacia.

En un rincón del taller se encontraba una carroza que había contenido el motor. No era una carroza como cualquier otra. Para empezar, era abierta como una calesa. Tenía cuatro ruedas, pero las dos delanteras podían orientarse con una palanca parecida a la de los timones de las embarcaciones pequeñas. Y, en el extremo, se localizaba el espacio para el motor. El nombre, para la máquina, ya estaba decidido: la llamarían *automóvil*, visto que sería capaz de moverse por sí sola, sin caballos.

Los tres hombres observaban en silencio el motor. De

vez en cuando, Daimler o Maybach alargaban una mano, cambiaban alguna cosa, se frotaban el mentón y volvían a su contemplación silenciosa. Jellinek, en cambio, esperaba. Pero su paciencia comenzaba a agotarse.

—Señores —se le escapó, cuando ya no pudo aguantar más—, debemos tomar una decisión.

Los dos técnicos asintieron, pero continuaron mirando el motor sin abrir la boca.

—Señores —repitió Jellinek—, se lo ruego. Explíquenme por lo menos qué ocurre.

Daimler levantó la mirada. Tenía ojeras y los ojos enrojecidos de quien duerme muy poco.

—El motor no proporciona suficiente potencia.

—Además —añadió Maybach—, no estamos convencidos de que instalar una bombona de gas metano bajo presión en nuestro automóvil sea una buena opción.

—Ya entiendo —dijo Jellinek. La segunda cuestión le parecía especialmente convincente: nadie habría querido verse sentado sobre una bombona de gas inflamable—. Aun así, debemos tomar una decisión. ¿Ideas?

—Bueno —empezó Daimler, dubitativo—. He oído hablar de un tal Benz, que está haciendo experimentos con la gasolina.

Tres pares de ojos se posaron sobre el balde lleno de líquido y tornillos.

—¿Esta? —señaló Jellinek, con una ceja arqueada y una expresión incrédula.

—Por lo general —razonó Maybach— es muy inflamable. Podría tener un poder calórico superior al gas metano. Así que el motor proporcionaría más potencia...

—Pero debemos estar seguros de que, en determinadas condiciones, pueda explotar. Porque eso es precisamente lo que necesitamos —continuó Daimler—. Aunque si Benz está trabajando en ello, será porque tiene las características apropiadas.

—Vamos a intentarlo con esta gasolina, pues.

Al cabo de unas semanas, Maybach y Jellinek esperaban, un poco nerviosos, en la puerta del taller. Daimler había salido a probar su automóvil. Tenía que estar al llegar.

Lo oyeron, antes de verlo. El motor, alimentado con gasolina, producía estallidos exagerados... pero funcionaba. El auto superó la curva y, con un Daimler sonriente guiando la palanca de conducción, paró justo en frente de los dos. El ruido que hacía era ensordecedor.

—Debemos trabajar eso del ruido —afirmó Daimler, serio.

Los otros estaban impacientes, querían saber otra cosa:

—Sí, ¿pero...?

Daimler levantó los brazos en señal de victoria.

—¡Funciona! —gritó—. El motor proporciona suficiente potencia. El automóvil es fácil de conducir. ¡Todo va bien!

El hombre se bajó del coche y se acercó a sus colegas para intercambiar apretones de manos y palmadas en la espalda.

—Aún queda algo por resolver —dijo Jellinek, cuando se acabaron las celebraciones.

—¿Qué? —preguntó Daimler—. ¿El ruido?

—Aparte del ruido. —Jellinek zanjó el tema con un gesto de la mano. Metió los pulgares en los pequeños bolsillos de su chaleco y arqueó la espalda hacia atrás—. Señores, les debo pedir algo.

Los dos técnicos se quedaron en silencio, observándolo.

—Perfecto. Habíamos acordado que llamaríamos a esta máquina «automóvil». Sin embargo, para que tenga éxito comercial, debería tener un nombre más vendible. ¿Entienden lo que quiero decir?

Daimler y Maybach negaron con la cabeza.

Se habían concentrado tanto en el desarrollo de su invento, que no habían pensado en lo que vendría después. Por otro lado, el experto en temas económicos era Jellinek.

—Entonces, ¿qué propone? —preguntaron al unísono.

—Bueno, quería proponer el nombre comercial para nuestro automóvil. Me gustaría que llevara el nombre de mi hija.

—¿De su hija? —preguntó Maybach.

—¿Y cómo se llama? —quiso saber Daimler.

Jellinek sonrió, un poco sonrojado.

—Se llama Mercedes.

El Mercedes Daimler fue el primer automóvil. Unos veinte años después, la empresa de Daimler y Maybach se fusionó con la de Benz, y así nació la compañía Mercedes Benz. Los primeros coches fueron considerados muy peligrosos, tanto es así que durante algunos años una ley inglesa obligó a que fueran precedidos por un hombre que caminaba agitando una bandera roja. Poco tiempo después, se inventó también el motor diésel, pero la gasolina sigue siendo hoy unos de los principales combustibles utilizados por los coches. En honor a aquel que tuvo la idea de utilizarla en los motores, la llamamos también benzina *o* bencina.

LA RADIO
EL NACIMIENTO DEL SISTEMA «INALÁMBRICO»

1894, Villa Griffone, Praduro e Sasso (hoy Sasso Marconi), cerca de Bolonia

No hizo falta que el mayordomo Mignani lo fuera a despertar: esa noche Guglielmo Marconi casi no había pegado ojo. La demostración que había hecho a su madre, Annie, en plena noche, había ido como la seda. Hoy enseñaría el aparato a su padre.

Justo cuando los primeros rayos de sol empezaron a iluminar Villa Griffone, Guglielmo saltó de la cama, se lavó la cara y se vistió. Mignani ya estaba en la cocina: había preparado el té y Guglielmo se sirvió una taza. Había sido su madre, una cantante irlandesa, quien había introducido la bebida en la familia boloñesa: su padre, Giuseppe, seguía fiel al café, pero tanto Guglielmo como su hermano Alfonso habían crecido bebiendo té indio.

—¿Así que hoy es el gran día?

Mignani sabía lo mucho que Guglielmo deseaba mostrar su creación a su padre. El chico tenía solo veinte años, pero sus inventos, como por ejemplo el detector de tormentas, realmente funcionaban.

Guglielmo miró por la ventana. Esa noche, las colinas donde se encontraba la casa habían quedado cubiertas por un ligero manto de nieve.

—Sí. Voy a preparar el experimento.

El mayordomo observó que el chico salía de la cocina. Casi no había comido nada.

—Jóvenes —dijo moviendo la cabeza—, ¡cuando tienen algo entre ceja y ceja, todo lo demás desaparece!

Giuseppe era un hombre bastante mayor. Annie era su segunda mujer, y Guglielmo había nacido tras diez años de matrimonio. El hijo sentía cierto respeto por su padre: si para él era normal despertar a su madre en mitad de la noche para mostrarle sus logros, con su padre era más prudente. No quería arriesgarse a equivocarse. Por enésima vez, controló que el botón del telégrafo que se había procurado estuviera bien conectado a los cables. Verificó todos los demás componentes de su aparato de transmisión. Luego, prestó atención al receptor que había colocado en el extremo opuesto de la habitación, al que había atado una campanilla.

—¿Puedo pasar? —preguntó Giuseppe, con su voz ronca. Esperaba en el umbral de la puerta, con los pulgares colgando de los bolsillos del chaleco.

Guglielmo se giró, en silencio, pero la expresión de su padre lo tranquilizó. Era una mezcla de curiosidad, diversión y expectativa. Y quizá también una pizca de orgullo.

—Pase, por favor, señor —dijo Guglielmo, inclinándose ligeramente. Por lo general, solía tutear a su padre, pero hoy la ocasión requería un poco más de formalidad.

—¿Puedo entrar yo también? —preguntó su madre, en ese italiano aún difícil de entender y con su marcadísimo acento irlandés. Con los hijos, normalmente, hablaba en inglés.

—¡Pase, pase! —Otra inclinación—. Hay sitio para todos. Por favor, siéntense aquí —sugirió Guglielmo señalando dos sillas que había cerca de la mesa.

El chico explicó muy brevemente lo que había preparado. Después, señaló el pulsador de telégrafo que había en el centro de la mesa.

—Por favor, padre, pulse ahí.

—Las damas primero —declaró el hombre, sonriendo a su mujer.

—Yo ya lo he hecho. Ahora te toca a ti —replicó Annie.

—¿Cómo que ya lo has hecho? ¿Cuándo?

Guglielmo intervino: parecía que la atención, que debía centrarse en su invento, se estaba perdiendo en detalles.

—Por favor, padre, presione el pulsador.

El hombre estudió el pulsador.

—No me fío mucho de estos cables eléctricos, hijo. No vas a hacer que me electrocute, ¿verdad?

Guglielmo hizo un esfuerzo por sonreír. ¿Cuánto tiempo llevaba presionar un pulsador?

—Lo he probado un montón de veces. No va a haber ninguna descarga, se lo garantizo. Adelante, presione el pulsador.

—Una vez, hará unos dos meses... No, tres... No, eran dos. Sí, dos. Sea como sea, una vez... —empezó a contar Giuseppe, con la mirada perdida en el techo.

—Padre, se lo ruego, presione el pulsador.

Los nervios empezaban a hacer mella en la voz del joven.

—¡Ufff, cuántas historias! —suspiró Giuseppe—. Venga, voy a pulsar, voy a pulsar.

Y con suma cautela llevó el índice justo encima del pulsador.

—Pulso, ¿eh?

—Sí, gracias.

Guglielmo estaba ya desesperado.

—¿Aquí en medio?

—Da igual. Donde usted quiera, padre.

—Sí, aquí en medio me parece bien. Bueno, pues, pulso.

Guglielmo ya no tenía fuerzas para insistir. Se retorcía las manos, una dentro de otra.

Finalmente, Giuseppe bajó el dedo y presionó el pulsador. Justo en ese momento la campanilla del otro lado de la habitación sonó, y el hombre, sentado en la silla, pegó un salto.

—¡Dios mío! —exclamó—. ¿Qué ha sido eso?

—El aparato transmisor —explicó el hijo— que has accionado al presionar el botón —sin darse cuenta, Guglielmo había empezado a tutearlo—, ha transmitido las ondas al aparato receptor, que está ahí. Y ha hecho sonar la campanilla.

El padre se lo quedó mirando a los ojos durante unos segundos.

—Imposible —concluyó al fin—. Seguro que hay un cable escondido que une la campanilla a este pulsador. Es un simple circuito, ¿verdad?

Annie hizo una mueca extraña.

¿Duda o decepción?

—Yo no he pensado en eso —dijo.

—Ja, ja, ja. —Se rio Giuseppe—. ¿Querías burlarte de nosotros, eh, hijo?

Guglielmo se quedó mirando a sus padres, serio e inmóvil como una estatua en una lápida.

—No es ninguna broma.

—Es imposible —insistió Giuseppe, sacudiendo la cabeza. Ya no se reía.

—Si solo hubiera unido una campanilla a un interruptor y a una batería —explicó Guglielmo, con la voz inexpresiva y ronca—, no habría pensado que había inventado algo.

Giuseppe lo miró a los ojos.

—No. Por supuesto.

—No hay ningún tipo de conexión entre el transmisor y el receptor. Compruébelo usted mismo.

El padre se levantó y lo verificó. Examinó el circuito del transmisor y luego el del receptor. Y buscó, en balde,

89

los cables que los unieran. Luego, presionó de nuevo el pulsador, y la campanilla volvió a sonar.

Y una vez más.

—No puede ser —murmuró—. Es magia.

—No, padre. Se llaman «ondas hertzianas». Se descubrieron ya hace unos años, pero creo que he conseguido aprovecharlas para un propósito útil.

—¿Como hacer sonar una campanilla? —comentó su padre, arqueando una ceja.

—Por ejemplo. O para transmitir señales, como el alfabeto morse que se usa con el telégrafo.

Guglielmo alargó un dedo hacia el pulsador y empezó a hacer sonar la campanilla con tañidos largos y tañidos cortos.

Giuseppe movió la cabeza.

—De acuerdo, pero si quisiera comunicarme con Mignani, a través de la habitación... ¿no sería mejor hablar y ya está?

Guglielmo sabía que convencer a su padre de la utilidad que tenían sus inventos no sería tarea fácil.

—Aumentando la potencia, se puede alargar la distancia de la comunicación. Creo que puede llegar más lejos que la voz humana.

—Pero para eso ya existe el telégrafo.

A lo que Guglielmo, sin pestañear, replicó:

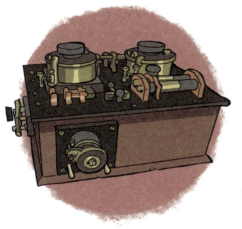

—Sí, pero conectar los cables telegráficos a una nave es imposible.

Giuseppe se lo quedó mirando fijamente unos minutos, frotándose la barbilla.

—Hijo —dijo, al fin, levantándose—, me parece que estás haciendo algo muy importante con todo esto. Quiero ayudarte. ¡Estoy dispuesto a financiar el desarrollo de tu invento! —Luego, pareció que casi se arrepentía y, sonriendo, añadió—: ¡Pero ahora no nos dejes a todos en la miseria!

Las ondas de radio, cuya existencia había sido probada por Heinrich Hertz en 1887, habían estimulado también la fantasía del genio inventor serbio Nikola Tesla, que en un periodo contemporáneo a Marconi había propuesto a su vez algunas aplicaciones. Pero al inventor boloñés se le debe reconocer el mérito de haber sido el primero en desarrollar y difundir la comunicación vía radio, ya sea por tierra o bien por mar.

1895, Wurzburgo, Alemania

Wilhelm Röntgen se rascó la barbilla con la punta del lápiz. Le picaba la barba.

Apartó medio metro la hoja de papel tratada y la fluorescencia verdosa se apagó, dejando espacio al vacío.

—Humm —balbuceó, mientras alargaba la mano hacia el interruptor de la luz eléctrica.

Era evidente que algo salía de su artilugio. Pero ¿qué era?

Sacó las abrazaderas que alimentaban el aparato y se puso de pie. Necesitaba un café.

Su mujer estaba en la cocina, a punto de preparar la comida.

—¿Cómo va, Willy? —le preguntó cuando lo oyó entrar.

—No lo sé. Estoy a punto de llegar a algo, pero no consigo entender de qué se trata.

—¿Quieres que hablemos de ello?

Berta no entendía mucho de física, pero sabía que si su marido intentaba explicarle lo que estaba haciendo, tendría que reformular sus ideas de un modo más simple, y eso podría ayudarlo a interpretar los problemas desde otro punto de vista, y quizá hasta a resolverlos.

Wilhelm se sirvió una taza de café, se sentó a la mesa y volvió a frotarse la barba.

—Estoy haciendo pasar una corriente eléctrica por una ampolla de cristal, llena de un gas de muy baja presión —empezó a decir.

Hasta ahí todo parecía claro, pensó su mujer. Se le escapaba cuál era el propósito del experimento, pero decidió no pronunciarse aún.

—He puesto la ampolla en una caja de cartón negro. Cartón duro. No pasa ni un rayo de luz —continuó Wilhelm, sorbiendo su café.

—¿Pero? —preguntó ella, que intuyó que quizá el problema estaba justo ahí.

—Pero si pongo una hoja de papel impregnada con alguna sustancia química justo delante de la ampolla, la hoja empieza a brillar, lo que significa que hay algo que sale de la ampolla y que atraviesa el cartón negro.

Y provoca que la sustancia química que impregna el papel se active.

—¿Y eso es bueno o es malo?

—¡No lo sé! Esa es la cuestión. Me gustaría saber algo más sobre estos rayos, si es que se trata de rayos, que se generan en la ampolla. Sé tan poco sobre ellos, que he decidido llamarlos «rayos X».

Berta estaba secando una taza.

—¿Podrías intentar fotografiarlos? Quizá así conseguirías estudiarlos mejor...

—¿Fotografiarlos? —Wilhelm frunció el ceño, como solía hacer cuando estaba concentrado—. Sí... Fotografiarlos. ¿Por qué no? Querida, tengo que volver al laboratorio.

Y sin tan siquiera darle tiempo a girarse desde el fregadero y decirle adiós, Röntgen ya se había puesto el sombrero y el abrigo, y había salido corriendo de casa, camino del estudio fotográfico donde, el año anterior, él y su mujer se habían hecho el retrato que decoraba la pared junto a la chimenea.

Una hora más tarde volvió a entrar en casa con un gran paquete entre las manos.

—¿Dónde has estado, Willy?

Röntgen alzó el paquete para que su mujer lo viera.

—Placas fotográficas —dijo a modo de explicación.

En esa época, las fotografías se sacaban exponiendo placas de vidrio impregnadas de sustancias químicas que eran sensibles a la luz. Luego, se revelaban y se utilizaban para estampar fotografías reales. El científico se dirigió velozmente hacia su laboratorio subterráneo, que tenía montado en el sótano de su casa.

Había pedido que cada placa fotográfica fuera cuidadosamente recubierta de papel, de manera que no pudiera ser impresionada por la luz del laboratorio. Cogió una, la apoyó sobre un soporte que había creado modificando un atril de músico y luego activó la ampolla durante unos segundos. Acto seguido, escribió el número uno

sobre el papel que recubría la placa, con su caligrafía grande y cuidada.

Repitió el experimento insertando una lámina de metal entre la ampolla y la placa fotográfica. Sobre el papel escribió un gran dos.

—¿Y ahora? —se preguntó. Aún le quedaban dos placas fotográficas.

Cogió una segunda lámina de metal y activó la ampolla con dos hojas metálicas que interrumpían el recorrido de los rayos X. Sobre la placa anotó un tres.

Se le habían acabado las ideas. Se frotó la barba. Entonces, impulsivamente, llamó a su mujer.

—¡Berta, ven un momento, por favor!

—¿Qué sucede? —preguntó ella, al poco rato, asomando la cabeza por la puerta del laboratorio.

—¿Me podrías ayudar un segundo?

Ella sonrió, contenta de poder involucrarse en el trabajo de su marido.

—¡Por supuesto! ¿Qué tengo que hacer?

—No sé si servirá de algo, pero intenta poner la mano sobre esa placa fotográfica y déjala ahí durante un tiempo. Yo mientras tanto voy a activar los rayos X.

La señora Röntgen siguió diligentemente las instrucciones.

—¿Eso es todo? —dijo finalmente.

—Eso es todo —confirmó el marido—. Ahora tengo que ir corriendo a revelar estas placas fotográficas. ¡Hasta luego!

Y, en un segundo, estaba fuera con las placas debajo del brazo.

En la sala de espera del estudio fotográfico, Röntgen esperó con impaciencia que revelaran sus placas. Había pedido que no las mezclaran y que los números que había escrito en el envoltorio de papel se trasladaran a las placas.

Tras una espera interminable de diez minutos, el fotógrafo llegó con las cuatro placas. Parecía confuso.

—Profesor Röntgen, ¿qué ha fotografiado?

—¿Qué quiere decir?

Wilhelm sintió como una gota de sudor le recorría la espalda. ¿Qué había fotografiado?

—Bueno, la primera placa está totalmente sobreexpuesta. Si estampáramos una fotografía, saldría completamente blanca. ¿La ha dejado expuesta a la luz?

Röntgen no contestó. Dedujo que los rayos X eran capaces de impresionar las placas fotográficas. Una buena noticia. Después, preguntó:

—¿Y las otras?

—La dos y la tres no han sido expuestas. ¿Seguro que las ha usado?

En esta ocasión, Röntgen tampoco contestó. «El metal los detiene», pensó.

—Y la última, me ha dejado francamente desconcertado.

—¿Por qué?

—Mírelo usted mismo.

El fotógrafo le puso la placa en la mano. Wilhelm la levantó para observarla a contraluz. Se veía la silueta de la mano de su mujer, pero apenas se distinguía. Y, en un blanco espectral, se diferenciaban perfectamente los huesos de su interior. Y el anillo, la alianza de matrimonio que llevaba en el anular, era una tira blanquísima. Parecía que la llevara un esqueleto macabro.

Sin darse cuenta, Röntgen saltó hacia atrás y dio un grito.

—¿Es una broma, profesor?

Röntgen no oyó la pregunta. Estaba demasiado fascinado por la placa. Quizá había descubierto cómo fotografiar el interior del cuerpo humano...

Pero ¿era realmente así? De repente, sintió una gran inseguridad. ¿Había descubierto algo revolucionario o solo se trataba de un error?

Wilhelm Röntgen no estaba muy convencido de su descubrimiento, de hecho nunca llegó a cambiar el nombre de los rayos y les dejó el incierto apelativo «X». Durante las siguientes semanas, tomó más fotografías de la estructura ósea de sus propias manos y envió las imágenes a varios científicos de fama mundial para que le dieran su opinión al respecto. La respuesta fue unánime: era un descubrimiento de enorme importancia y Röntgen tenía que estar muy orgulloso de ello. De hecho, por este descubrimiento se le concedió también el Premio Nobel, una de las máximas distinciones a las que un científico puede aspirar. Desde entonces, el mundo de la medicina ha cambiado y los rayos X continúan siendo uno de los principales instrumentos de diagnóstico al alcance de los médicos.

EL PLÁSTICO
UN MATERIAL PARA TODO

1907, Yonkers, Estado de Nueva York, Estados Unidos de América

Es evidente que lo que estaba sucediendo aquellos años era una especie de competición.

Los investigadores químicos de todo el mundo sabían que inventar una resina sintética, es decir, un material moldeable y completamente artificial, estaba ahora al alcance de la mano.

Pero antes había que conseguirlo.

Con esta intención, Leo Baekeland mezcló en un recipiente por enésima vez una nueva combinación de fenol y formaldehído. Cerró los ojos y, hablando en voz baja en flamenco, su lengua materna, pronunció una breve oración. Luego, se besó el índice derecho, y con el mismo dedo acarició el recipiente.

Una vez terminada esta liturgia, colgó en el recipiente el regulador de presión y lo metió todo en el horno.

Y esperó, con la mano lista para anotar en el cuaderno cualquier cambio digno de mención.

Quería ganar aquella competición. Quienquiera que fuera el primero en lanzar al mercado una resina sintética conseguiría un montón de dinero. La industria pedía un material económico y fácilmente manejable, que pudiera sustituir a los clásicos materiales naturales como la madera, el metal y el hueso.

No es que Leo necesitara más riqueza: podía considerarse afortunado. El papel fotográfico instantáneo, que había inventado algunos años antes en Bélgica y que luego había vendido al industrial americano Eastman, le había hecho ganar un millón de dólares. Que, por aquel entonces, era una suma realmente considerable.

Durante sus viajes a Estados Unidos para llegar a un acuerdo, el inventor belga había decidido trasladarse al otro lado del Atlántico. Con una parte de su patrimonio, se había construido una casa con un laboratorio químico anexo en la localidad de Yonkers, muy cerca de Nueva York.

Las manecillas del reloj de pared avanzaban perezosamente. La aguja del indicador de temperatura del horno se mantenía estable a setenta grados. La frente de Leo se iba cubriendo de minúsculas gotitas de sudor. El lápiz, en su mano temblorosa, dejaba puntitos inconexos sobre la hoja del cuaderno.

¿Qué encontraría esta vez en el recipiente? ¿Un líquido acuoso inútil? ¿Un bloque de cristal carbonizado y quebradizo igual de inútil? ¿O...?

Para evitar que la tensión del momento lo dominara por completo, empezó a pensar en su colección de soldaditos, que había perdido.

Inmediatamente después de instalarse en su nueva

casa, había empezado a sentir nostalgia por lo que había dejado en Gante, Bélgica. En especial, por su colección de soldaditos de estaño y sus respectivos moldes. La echaba tanto de menos que había pedido que se la mandaran en el primer barco que zarpara hacia Nueva York.

Justo cuando el barco atracó en la ciudad de los rascacielos, se subió al primer tren que encontró y se acercó a la aduana del puerto.

—He venido a recoger unos paquetes —declaró, sacando pecho—. Mi colección de soldaditos.

El funcionario de aduanas lo miró con aire aburrido, luego se encogió de hombros y desapareció dentro del enorme almacén, con la nota que mostraba el número de expedición en el bolsillo.

Había pasado más de media hora cuando volvió a aparecer en el mostrador, llevando un carrito con dos cajas de madera.

—Aquí tiene sus jueguecitos.

—No son jueguecitos —precisó Leo—. Es una colección preciosa.

—Como usted diga —murmuró el funcionario, mientras señalaba el punto donde Leo tenía que firmar.

—¿Solo son dos cajas? Mi agente en Gante me había hablado de seis...

El funcionario examinó los papeles un segundo.

—No. Dos.

Y para no entrar en una discusión se dio la vuelta y se marchó al almacén.

Las cajas tenían que haber sido seis: solo le habían entregado los moldes. De los cientos de soldaditos de estaño que formaban sus ejércitos no había ni rastro.

Tenía que asumirlo.

Ahora, unos de esos moldes esperaba en uno de los bancos del laboratorio. Baekeland ya había decidido cuál sería el primer uso que daría a la resina sintética, si llegaba a inventarla: recrear su ejército de soldaditos con la ayuda de los moldes que por suerte habían llegado a su destino.

El minutero llegó por fin a la pequeña señal que Leo había trazado sobre el cuadrante. Era el momento idóneo para sacar del horno el recipiente y descubrir lo que había pasado.

Se puso los guantes protectores, abrió el horno y extrajo el recipiente, después de separarlo del sistema de presurización. Desenroscó la tapa y miró dentro.

No había un líquido acuoso.

Los reactivos químicos se habían transformado en una masa fluida, de un color anaranjado. La tocó con un palito: era densa, viscosa, pero dejaba penetrar el bastón en su interior.

—Quizá lo tenemos —dijo satisfecho en flamenco.

Aunque se estuviera convirtiendo en un ciudadano de Estados Unidos de América, cada vez que estaba solo pensaba y hablaba en su propia lengua.

No disponía de mucho tiempo. Si lo que tenía era realmente resina sintética, al enfriarse se endurecería. Corrió a la mesa de trabajo y vertió la masa en las ranuras del molde metálico. El líquido fluyó lentamente, como una mezcla entre jarabe para la tos y miel. Pero rellenó bien el espacio y poco a poco fueron subiendo a la superficie pequeñas burbujas de aire.

Leo cerró el molde y colocó un par de volúmenes de enciclopedia encima para asegurarse de que recibía la presión adecuada.

Otra vez, un suspiro profundo. Luego, una decisión repentina: ¡un paseo!

Se puso el sombrero y el abrigo, y salió.

Caminó por avenidas arboladas, parándose a cada pocos pasos para controlar el reloj que llevaba en el bolsillo. ¡Era como si el tiempo no avanzara! Había calculado que haría falta por lo menos una hora para que la mezcla se enfriara. Pero ¿cuánto tiempo era necesario para que transcurrieran esos sesenta minutos?

Se sentó en un banco, se entretuvo escuchando el gorjeo de algunos pajaritos, consiguió un poco de alpiste

y se lo tiró a un grupo de palomas, charló un poco con un chico que jugaba con un barquito de vela en la fuente del parque, echó un vistazo a la portada de un periódico que alguien había olvidado en una mesa, se ató los cordones de los zapatos varias veces, intentó entablar conversación con un señor que paseaba con su perro hasta que descubrió que no hablaba inglés ni tampoco flamenco.

Y todo sin quitarle ojo al reloj.

Al final, terminó pasando la hora. Leo corrió al laboratorio. Con la punta del dedo comprobó la temperatura del molde: estaba frío. Retiró los volúmenes enciclopédicos y quitó la parte superior del molde. Cuatro soldaditos de resina lo estaban esperando, ordenadamente tumbados en su cama metálica.

Con los ojos brillantes, Leo desmoldó uno. Era duro, pero no muy frágil. La resina reproducía a la perfección todos los pequeños detalles, como los botones del uniforme.

—Incluso mejor que el de estaño —comentó.

¡Rápido! Tenía que mostrar al mundo su invento.

¡Debía anunciar que había ganado la carrera! Había de escribir un informe, dejar anotados los datos de su trabajo, llevarlo a la oficina de patentes... Pero, antes, preparó un poco más de resina.

—Voy a hacer algún fusilero más —dijo—. Y el tamborilero, también. Luego, me ocuparé del informe.

Leo Baekeland patentó el primer plástico completamente sintético, que se bautizó como «baquelita» y se utilizó para infinidad de aplicaciones, desde teléfonos hasta bolas de billar. La baquelita es un plástico no inflamable que, cuando se enfría, no puede disolverse otra vez. Otros plásticos, inventados posteriormente, pueden en cambio disolverse de nuevo y reutilizarse.

1927, Rigby, Idaho, Estados Unidos de América

Era una mañana fría de marzo de 1922. Philo Farnsworth, un chico listo de dieciséis años, había salido de casa temprano, con los libros atados con un cinturón y una manzana en la mano. Caminaba, intentando evitar los charcos aún congelados, pero su mente, como siempre, iba a toda velocidad.

Al mudarse al pueblo de Rigby, cuatro años antes, Philo había descubierto varias cosas interesantes en la nueva casa: los anteriores propietarios habían dejado un generador eléctrico que funcionaba, algunos motores viejos, otros aparatos eléctricos averiados y también un montón de revistas técnicas en el desván. Hablaban de electricidad, sobre todo, y de la incipiente electrónica. Philo las había devorado y enseguida había empezado a llevar a cabo experimentos con la corriente eléctrica de su hogar.

Una de las cosas sobre las que había leído y que más le había sorprendido era un artículo sobre la televisión. El término se había acuñado a finales del siglo anterior, y ya se estaban empezando a desarrollar algunas tecnologías. La mayoría requerían de discos perforados que daban vueltas, seccionando literalmente la imagen de manera que un sensor pudiera captar la luz en pequeños segmentos y transformarla en impulsos eléctricos, para luego transmitirla por cable o por radio. Un concepto muy interesante para Philo, aunque los resultados que se habían obtenido hasta el momento eran escasísimos. Las imágenes que se reproducían eran manchas desenfocadas y con una resolución tan baja que hacían falta grandes dosis de imaginación para conseguir ver en su interior el objeto grabado originalmente.

Durante las últimas semanas, Philo había empezado a pensar en algo distinto. Y aquel día lo hablaría con el docente de química, el profesor Tolman. No tanto porque el tema estuviera relacionado con la materia que impartía el profesor, sino porque Tolman era un hombre inteligente, de mente abierta y con el que Philo tenía una muy buena relación. Seguro que él sabría darle el consejo correcto.

Ese día, tenía química a tercera hora. Philo intentó prestar atención en las clases anteriores, pero le resultó imposible: en su cabeza solo había lugar para la exposición de su idea, que imaginaba una vez tras otra y no paraba de corregir.

Cuando por fin llegó la tercera hora y pudo entrar en el aula de química, Philo fue directo a la mesa del profesor.

—Buenos días, Farnsworth. ¿Qué tal estás? —saludó el profesor, sonriendo. Era bastante joven, tenía poco más de treinta años, y estaba convencido de que Philo era su estudiante con mayor proyección.

—Necesito pedirle un consejo, profesor Tolman. Es sobre una idea que se me ha ocurrido.

La mayoría de los alumnos ya estaban sentados en su sitio.

—Si quieres, podemos hablarlo al terminar las clases. Puedes venir a buscarme aquí, te estaré esperando.

Y así, tras otro puñado de horas buscando la manera de concentrarse, Philo volvió a entrar en el aula de química, donde, tal y como había prometido, Tolman lo estaba esperando.

—Cuéntamelo todo —le pidió.

—Es la televisión —dijo Philo, acercando una silla al escritorio—. No creo que llegue a funcionar.

—Ah. ¿Por qué?

—Porque los discos nunca girarán a suficiente velocidad, y los agujeros nunca serán suficientes ni serán lo bastante pequeños.

Philo hablaba rápido, sus palabras se atropellaban unas con otras.

—Espera, espera, espera. ¿De qué estás hablando exactamente?

—Del disco de Nipkow. ¿Sabe de qué se trata?

Tolman titubeó. Intentó esbozar una sonrisa.

—En realidad, no —admitió.

Farnsworth se levantó y se dirigió a la pizarra.

—¿Puedo? —preguntó, con una tiza en la mano. Trazó una serie de círculos concéntricos y en cada círculo dibujó un cuadradito, cada uno en una posición distinta, de modo que formaran una especie de espiral—. Este artilugio gira muy rápido y cada agujero captura la luz durante unos segundos, así que deja pasar una línea de luz. A cada giro, la imagen se divide en un número de líneas. El sensor las detecta y las transforma en impulsos electrónicos.

—Claro —afirmó Tolman.

—Ese es el problema, profesor. ¿Cómo tienen que ser de pequeños, estos agujeros? ¿Cuántos debe haber para dividir la imagen en líneas, sin que pierda calidad?

—No te lo sabría decir. Pero tú, ¿cómo es que sabes todo esto, Farnsworth?

—Lo he leído en unas revistas técnicas que he encontrado en el desván de mi casa —le contó el chico, cerrando el tema—. La cuestión es que he tenido una idea.

Tolman abrió los ojos. Farnsworth era un alumno perspicaz y prometedor, pero seguía siendo un chico de dieciséis años.

—Adelante.

De un libro, Philo extrajo una hoja de papel doblada por la mitad y la colocó sobre el escritorio.

—Le he hecho un boceto, mire. Creo que tendremos que usar un haz de electrones para leer la imagen. Puede ser tan pequeño como queramos, así podemos dividir la imagen en muchas más rayas. Y es rapidísimo, de modo que podemos hacerlo muchas más veces en un segundo que con el disco que tiene que girar.

El profesor bajó la mirada y examinó el dibujo. Era un bosquejo, nada más, con el trazo descuidado de un chico que tiene prisa por dejar sus ideas plasmadas en papel. Pero, por lo que vio Tolman, era algo revolucionario. Y hasta incluso podía funcionar.

—Yo soy profesor de química, Farnsworth. Quizá deberías hablarlo con el colega de física...

—Yo confío en usted, profesor.

Tolman no pudo evitar sonreír. Estas muestras de cariño eran lo mejor de la enseñanza.

—A mi entender, lo que planteas podría ser muy interesante.

—Así, ¿qué tengo que hacer?

—Hay que probarlo. Tienes que encontrar la manera de construirlo y comprobar si funciona. Podría ser que necesitaras años y una discreta suma de dinero.

—Sí. Exacto. Le pediré a mi padre si me puede ayudar a encontrar financiación.

—Hay algo más, Farnsworth.

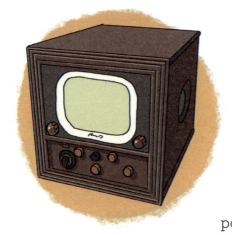

El chico lo observaba, lleno de expectación.

—Si, y subrayo «si». Si este artilugio funciona, y realmente proporciona todas esas ventajas respecto a los discos giratorios... bueno, podría ser que despertara importantes intereses económicos.

—¿Quiere decir que...?

El profesor hizo un gesto con las manos.

—No. No intento decir nada. Repito: no soy experto en la materia, no estoy en situación de determinar qué valor puede tener. Pero me has dicho que querías un consejo, y este sí que te lo puedo dar: si consigues construir este aparato, y resulta que funciona, no pierdas ni un segundo y paténtalo inmediatamente. Nunca se sabe lo que puede pasar.

—Tiene razón —dijo Farnsworth—. No se me había ocurrido.

Tolman examinó de nuevo el boceto, y luego miró al chico.

—¿Realmente los has pensado tú, Farnsworth? Es increíble...

Philo Farnsworth consiguió reunir el dinero para empezar sus experimentos cuatro años después y al siguiente, con veintiuno, desarrolló su tubo «disector» de la imagen, completamente electrónico y sin partes en movimiento: el corazón de la videocámara. Las imágenes capturadas y transmitidas con la tecnología de Philo eran nítidas y reconocibles: toda la historia de la televisión moderna se basa en aquel invento. Poco tiempo después, una gran empresa electrónica (la RCA), tras haber visitado el laboratorio de Farnsworth, desarrolló un sistema muy parecido y declaró que era anterior al de Philo. A raíz de eso, se desató una batalla legal que no se resolvió hasta una década después, con la atribución a Farnsworth de la paternidad del invento. Contribuyó al éxito la declaración como testigo del profesor Tolman, que mostró al juez aquel boceto de 1922, que había conservado cuidadosamente durante todo ese tiempo.

LOS ANTIBIÓTICOS
EL MOHO MILAGROSO

1928, Hospital de St. Mary, Londres

El joven doctor Marlin Pryce pasó por enfrente del laboratorio de Alexander Fleming. Era una mañana de finales de agosto y en la pequeña sala llena de alambiques, retortas, frascos y botellas de cristal, microscopios y balanzas, hornillas y centrifugadoras, no había nadie.

Pryce había trabajado durante dos años con Fleming, haciéndole de asistente en sus investigaciones, antes que su carrera universitaria lo llevara a otros departamentos y a otros estudios. Pero los dos años de trabajo, codo con codo en aquel laboratorio angosto, habían convertido la relación inicial entre maestro y alumno en la de dos colegas primero, y dos amigos después.

—¡Qué desorden! —comentó. Sabía que Fleming regresaría de vacaciones en cuestión de pocos días.

El equipo técnico que debería haber mantenido el laboratorio limpio y ordenado se negaba a trabajar. Había alguna protesta en marcha, relacionada con el sueldo, con las vacaciones, o con otra cosa que a Pryce se le escapaba.

—Si Flem vuelve y se lo encuentra en este estado, le da un ataque —dijo entrando en la sala.

Tenía la mañana libre, y conocía el laboratorio como la palma de su mano: haría encantado un favor a su amigo.

Guardó cada instrumento en su sitio, ordenó los frascos de reactivos, lavó tubos de ensayo y vasos medidores.

En un estante justo debajo de la pequeña ventana que nunca se abría (por la cantidad de objetos que se apilaban delante) había un montón de placas de Petri. Se trataba de unos pequeños recipientes redondos de cristal, del tamaño de un platito de café y de un dedo de alto. Cada uno tenía su tapa. Los biólogos los utilizaban para hacer crecer cultivos de bacterias, de mohos y formas de vida elementales, con el objetivo de estudiarlos y entenderlos. Algunas de las placas estaban limpias: Pryce las apiló en el armario donde deberían estar.

Otras, en cambio, contenían cultivos. Pryce, intrigado, puso una debajo del microscopio.

—Estafilococos —sentenció, mencionando el nombre

técnico de las bacterias que proliferaban en el plato—. ¿Qué hago con esto? —se preguntó.

Evidentemente, Fleming había iniciado los cultivos antes de marcharse de vacaciones, unas semanas antes. Quizá querría estudiarlos al volver. Dejó las placas a un lado, en un rincón de la estantería.

—¡Ah! —exclamó, cogiendo la última placa de cristal. Además del cultivo de bacterias, el plato estaba recubierto de un moho de un color a medio camino entre el verde y el azul—. Este está contaminado.

Los motivos podían ser muchos: la placa de Petri podía no haber estado perfectamente limpia. O un asistente irresponsable podía haber dejado caer encima una gota de sudor, o podía haberla rozado con un instrumento no esterilizado. A veces ocurría. Normalmente, los cultivos contaminados se tiraban.

Pryce estaba a punto de hacer lo mismo. Ya tenía una espátula en la mano para rascar el contenido del disco, cuando lo examinó con más atención. Alrededor del moho, el estafilococo parecía haber sucumbido. Intrigado, Pryce puso la placa de Petri debajo del microscopio. Tenía razón: las bacterias que había junto al moho habían muerto. Una masacre.

—Esto tiene que verlo Flem —dijo.

El trabajo que Fleming estaba llevando a cabo en el

laboratorio era justo aquel: encontrar una manera de eliminar a los estafilococos, una de las principales causas de infección. Quizá la solución al problema se encontraba en aquella placa de Petri. Pryce la guardó en un armario, donde estaba seguro de que nadie la tiraría por error.

El lunes siguiente, Fleming pasó por el laboratorio. Había interrumpido las vacaciones para ir a dar algunas instrucciones a su nuevo asistente, Stuart Craddock. Estaban los dos hablando en el pequeño laboratorio con la puerta abierta, como siempre. Pryce los vio cuando se dirigía a la biblioteca.

—¡Flem! —lo saludó—. ¿Ya has vuelto de vacaciones?

El profesor lo recibió con una gran sonrisa, arqueando sus pobladas cejas.

—¡Pryce, amigo mío! No, solo estoy de paso, quería dar algunas instrucciones al joven Craddock.

El asistente lo saludó tímidamente.

—Doctor Pryce...

Pryce le dio una palmada en el hombro.

—Arriba el ánimo, Craddock. ¡Flem no es el monstruo voraz que todos pintan! Estarás muy a gusto con él. Es un maestro excelente.

—¡Oye! —protestó el profesor—. ¡Ni se te ocurra echar por el suelo la fama que tanto me ha costado construir durante todos estos años, Pryce!

—Escucha —dijo Pryce, poniéndose serio—. Tengo que enseñarte algo.

—Voy a buscar todo lo que me ha pedido, profesor —dijo Craddock mientras se retiraba y los dejaba solos.

Pryce sacó la placa de Petri del armario.

—Mira.

Fleming le echó un vistazo y se la devolvió a Pryce.

—Cosas que ocurren. A veces se contaminan.

Pryce negó con la cabeza y volvió a poner la placa en manos del profesor.

—Míratelo mejor. Mira alrededor del moho.

Fleming se puso las gafas, se acercó a la pequeña ventana para tener más luz y examinó la placa de cerca. Abrió la boca como si fuera a decir algo, luego la volvió a cerrar y la observó un poco más. De nuevo, abrió la boca y la volvió a cerrar. Llevó la placa al microscopio y la estuvo estudiando durante un rato.

—Tiene gracia —dijo por fin.

Pryce asintió.

Echó otro vistazo a través del microscopio y luego dijo:

—¿Ideas?

Pryce cruzó los brazos. Miró a su alrededor: habían pasado algunos meses desde que su trabajo como asistente de Fleming había terminado. Pero dos años al lado de los estafilococos no se olvidaban fácilmente.

—En mi opinión —dijo calibrando las palabras—, ese moho produce algo que mata a las bacterias. O por lo menos a los estafilococos.

—Sí —murmuró Fleming, que no conseguía apartar los ojos del microscopio—. ¿Sabes lo que significa esto? Podríamos estar muy cerca de conseguir nuestro objetivo.

Pryce lo interrumpió.

—Tú podrías. Yo ya no trabajo con bacterias.

Fleming lo miró.

—Sí, pero... tú has sido el primero en detectar el cambio.

Hizo un gesto con la mano, como si quisiera borrar una pizarra.

-¿Yo? —exclamó Pryce—. Yo solo he puesto un poco de orden en el laboratorio, cosa que deberían haber hecho los auxiliares si no se hubieran cruzado de brazos por una protesta u otra. Pasaba por aquí y puse un poco de orden. Y vi un poco de moho, eso es todo. Flem, esta es tu investigación.

Fleming se levantó.

—Puedo hacer que vuelvas a este laboratorio, Marlin. Podemos tirar adelante esta investigación juntos.

Pryce sonrió y le apoyó una mano en el hombro al profesor.

—Siempre te he respetado, Flem. Y te considero un buen amigo. Gracias, pero... no, gracias. Yo debo seguir mi camino: este es el tuyo.

Fleming tuvo muchas dificultades para aislar el principio activo que generaba el moho. Cuando lo conseguía, solo lograba mantenerlo unas pocas horas, luego se volvía inservible. De todos modos, al año siguiente publicó su descubrimiento, aunque vista la limitada eficacia no cobró mucho interés. No fue hasta 1940, para hacer frente

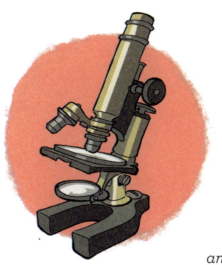

a las innumerables infecciones de heridas provocadas por la Segunda Guerra Mundial, que dos químicos, Howard Florey y Ernst Chain, retomaron el trabajo de Fleming y consiguieron purificar la penicilina hasta convertirla en el primer antibiótico supereficaz. Fleming, Florey y Chain fueron galardonados con el Premio Nobel de Medicina en 1945. Pryce se mantuvo al margen y continuó siendo uno de los mejores amigos de Fleming.

EL HORNO MICROONDAS
DE LA GUERRA A LAS PALOMITAS

1945, Massachusetts, Estados Unidos de América

El final de la Segunda Guerra Mundial estaba cerca, se sentía en el aire. La guerra en Europa había terminado, la que tenía lugar en el océano Pacífico estaba en las últimas. ¿Llegaría la paz, finalmente?

Percy Spencer era un hombre feliz.

Cinco años antes lo habían convocado en el despacho del director. Trabajaba en Raytheon desde hacía ya un tiempo y había llegado a ocupar el cargo de jefe de ingenieros en una de las divisiones electrónicas de la compañía norteamericana.

—Percy —le había dicho el director poniéndole en las manos una caja de madera con la inscripción TOP SECRET, secretísimo—, ábrela. ¿Sabes de qué va este asunto?

Spencer había levantado la tapa, había separado la paja del embalaje y había sacado un tubo de vidrio y latón pulido.

—No —había admitido.

—Esto es un generador de microondas. Se llama magnetrón, lo producen nuestros amigos ingleses. ¿Sabes para qué sirve?

Spencer conocía la respuesta. Los ingleses habían inventado el radar, un instrumento que era capaz de detectar a grandes distancias la presencia de bombarderos en el aire o de buques en el mar. Para funcionar, emitía ondas de radio a muy alta frecuencia, llamadas microondas. Si los rayos se encontraban con algún objeto volvían atrás y, gracias a una antena, el radar los podía detectar. Spencer había explicado al director todo lo que sabía sobre los radares, como si le hubieran preguntado la lección en el colegio.

—Muy bien —había continuado el director—. Es un instrumento que exige una fabricación compleja. Por ahora, los ingleses son capaces de producir solo diecisiete ejemplares al día. Ni uno más. Y resultan insuficientes. Se ha llegado a un acuerdo para que los ayudemos.

El ingeniero lo había entendido todo. Tenía que producir el magnetrón. Y si además encontraba la manera de acelerar la producción, mucho mejor.

Spencer era un hombre feliz porque había logrado su objetivo: Raytheon, gracias a sus cambios de diseño, aquel día había llegado a producir dos mil seiscientos magnetrones. En un solo día.

Y era tan y tan feliz que había decidido saltarse por una vez la dieta estricta que su mujer le imponía. Había conseguido una tableta de chocolate y ya anhelaba el momento en el que el delicioso manjar se le desharía en la boca. Había dejado la tableta en el escritorio y la miraba con devoción, pero justo cuando estaba a punto de empezar su pequeña fiesta privada, sonó el teléfono.

Un suspiro, una palabrota entre dientes, y cogió el auricular.

—Jefe, ¿puede venir al laboratorio?

Otro suspiro. Otra palabrota entre dientes.

—Ya voy —resopló.

El laboratorio estaba en otro edificio. Estaría fuera un buen rato. No podía dejar sin vigilancia la tableta de chocolate. Se la guardó en el bolsillo de la camisa, junto con el lápiz y la regla de cálculo, y se puso en marcha.

El problema que angustiaba al personal del laboratorio, como a menudo sucedía, no era en absoluto un problema. Le bastaron dos minutos para entender la situación y poco más de dos palabras para resolverla.

—Enciéndanlo —ordenó—. A ver qué tal va.

Un tubo magnetrón de nueva generación aguardaba montado en el banco de pruebas. Según las previsiones, debería haber sido más potente que los modelos anteriores, pese a absorber menos energía.

Un asistente activó un interruptor. Un ligero runrún indicó que algo estaba funcionando, aunque no se veía nada. Pero los instrumentos de rastreo parecían contentos: las agujas bailaban alegremente sobre el dial y algunas lucecitas centelleaban contentas aquí y allá.

—Muy bien —comentó Spencer—. Diría que vamos por el buen camino.

Pero el asistente al que se dirigía no parecía estar escuchando: tenía los ojos clavados en el pecho de Spencer.

—¿Qué ocurre? —le preguntó, llevándose una mano al pecho instintivamente.

Había algo caliente, blando, pegajoso que parecía exudar de su bolsillo. Lo miró: era marrón.

—Pero ¿qué diablos...?

Extrajo los lápices y la regla de cálculo: la sustancia viscosa lo había manchado todo. Llegó a la causa de aquel contratiempo: el envoltorio de la tableta de chocolate estaba casi vacío. El exquisito dulce se había derretido.

—Mi madre siempre me aconsejaba que no llevara chocolate en el bolsillo —comentó uno de los asistentes, atrayendo al instante la mirada confundida de Spencer.

—La acababa de guardar —susurró—. Es imposible que se haya derretido tan rápido.

—Aun así...

Era obvio que el joven asistente no sabía que había momentos en los que era mejor no decir nada.

—¡Cállate! —le ordenó Spencer—. ¡Maldita sea! —refunfuñó con un tono de voz cada vez más alto—. ¡Mi chocolate!

Los componentes del grupo intercambiaron algunas miradas. Ninguno sabía muy bien qué hacer. Uno de

ellos, mostrando cierta iniciativa, activó el interruptor y apagó el generador de microondas.

—Tú —ordenó Spencer, señalando al chico que estaba más cerca de la puerta—. Consígueme otra camisa. ¡Rápido!

El chico se fue. Spencer era un buen jefe: sus subordinados lo querían porque trataba a todo el mundo con respeto y siempre daba buen ejemplo. Pero de vez en cuando, raramente, se enfadaba mucho y entonces todos sabían lo que tenían que hacer: obedecer con la cabeza gacha y esperar a que pasara la tormenta.

Spencer estaba tocando y analizando la sustancia blanda en uno de sus lápices. Estaba caliente. Había acumulado mucho más calor del que hubiera podido transmitir su pecho.

Se quedó quieto, inmóvil. Parecía perdido en sus pensamientos. Luego, de pronto, ordenó a otro asistente:

—Tú, tráeme maíz.

—¿Maíz, jefe?

—Sí, maíz. ¿No has oído hablar nunca del maíz? Crece en mazorcas.

—Pero ¿dónde puedo encontrarlo aquí? —balbuceó el chico, mirando a su alrededor. Eso era un laboratorio de electrónica, no una tienda de frutas y hortalizas.

Spencer suspiró profundamente, con los ojos cerrados.

—Me da igual dónde sea. Sal inmediatamente. Encuentra una tienda. Tráeme el maíz. ¿Crees que podrás hacerlo?

El muchacho asintió y se fue.

Mientras tanto, había llegado su camisa nueva. Spencer fue a cambiarse al baño.

—De ahora en adelante —dijo a los otros asistentes cuando entraba de nuevo—, no quiero que se lleven a cabo experimentos tan potentes con el magnetrón sin que haya una protección adecuada. Ahora, mientras esperamos el maíz, vamos a buscar unas placas de metal para ponerlas alrededor del tubo.

Cuando el asistente volvió con dos mazorcas en la mano, el magnetrón ya había sido encapsulado en una estructura de chapa y Spencer había superado su estado de nervios.

—Gracias —dijo con una sonrisa.

Soltó algunos granos de maíz y los puso delante del tubo.

—Energía —ordenó al chico responsable del interruptor. Las agujas de los dispositivos empezaron a bailar y el maíz estalló con una serie de sonoros *pop*—. Apaga.

Spencer se retiró la protección y probó una de las palomitas recién hechas.

—¡Ah! Tenía razón. ¡Las microondas calientan los

alimentos! —exclamó—. ¿Cómo puede ser que no nos hayamos dado cuenta antes?

Uno de los asistentes señaló el cartel que colgaba en la pared cercana a la puerta. «PROHIBIDO ENTRAR COMIDA EN EL LABORATORIO» decía, con grandes letras.

—Ah —dijo Spencer, moviendo la cabeza—. De acuerdo, retirad ese cartel inútil y vamos a desgranar estas mazorcas: ¡hoy habrá palomitas para todos!

Los primeros hornos microondas eran enormes y solo se usaban en las cocinas de los barcos. Luego, la tecnología permitió fabricar modelos cada vez más pequeños, hasta crear los electrodomésticos que hoy vemos en todas partes.

1966, Nashua, Nuevo Hampshire, Estados Unidos de América

Hacía más de quince años que Ralph Baer estaba convencido de que pronto en cada casa habría un televisor y que este, además de recibir programas, podría ser un aparato perfecto con el que jugar y divertirse.

Durante todo este tiempo, Ralph había propuesto a sus jefes ideas para desarrollar juegos para televisores, pero a cambio solo había recibido medias sonrisas, palmadas en el hombro, palabras de apoyo confusas («Quién sabe… Ya veremos…»), cuando no secos rechazos o calurosas invitaciones a dedicarse a las cosas que realmente eran importantes.

Pero a base de oírlo insistir, su superior directo en Sanders Associates, empresa que proporcionaba material electrónico al ejército, había acabado por ceder. Le había concedido un par de colaboradores («los dos Bill») y una pequeña suma de dinero para financiar sus investigaciones. Pero quería resultados. Buenos resultados, prometedores... y los quería ya.

—Tenemos los tres puntos, jefe —dijo Bill Rush, mientras Baer entraba en la pequeña sala donde trabajaban—. ¡Lo hemos conseguido!

Baer se acercó al monitor. Lo veía negro, a excepción de dos grandes puntos cuadrados y blancos que se mantenían muy muy quietos en la pantalla. Un tercer puntito, un poco más pequeño, se movía hacia delante y hacia atrás por una línea vertical rebotando entre los dos puntos más grandes.

—¿Qué tal, la velocidad? —preguntó el otro colaborador, Bill Harrison.

—Pásame esa cosa —repuso Baer—. Solo hay que probarlo.

El dispositivo para controlar el juego aún no tenía un nombre oficial. Era un poco más pequeño que una caja de zapatos y disponía de varios mandos que salían de un lado o del otro.

Ralph giró uno de ellos, y uno de los puntos se movió a la derecha. Luego, giró el otro y el punto salió disparado hacia arriba. El punto más pequeño, al no encontrar más obstáculos en su trayectoria, desapareció por el lado derecho del monitor.

Baer movió los dos mandos a la vez y obtuvo trayectorias más complejas. Luego, apretó un botón e hizo aparecer de nuevo el puntito. Con un tercer mando desvió un poco la trayectoria.

—Chicos —exclamó levantándose de un salto—, ya lo tenemos. ¡Un trabajo excelente!

Los dos Bill se miraron.

—Y... ¿qué pasará ahora?

Baer se ajustó las gafas a la nariz y se puso a pasear por la pequeña sala. Parecía un tigre en la jaula de un circo.

—Es el momento de enseñar nuestro trabajo a los jefes. De demostrar que nos merecíamos los cuatro duros que nos han concedido. ¡De demostrar que tenía razón! —Su tono de voz aumentaba de una frase a otra.

El fruto de sus esfuerzos era una caja de metal con dos dispositivos de control. Ambos grises, sucios, marcados con señales de rotulador permanente.

—¿Quieres mostrar «esto» a los jefes? —preguntó Rush.

Baer se detuvo un segundo, miró el aparato y se rascó la barbilla.

—Da un poco de asco, la verdad.

—Sí —convino Harrison—. Podríamos intentar decorarlo.

—¡Exacto! —gritó Baer—. Consigue un poco de cinta adhesiva; esa de color madera, con las vetas tipo nogal, o roble, o qué sé yo. Forradlos. Yo, mientras tanto, voy a organizar una demostración.

El gran día llegó. El aparato, con su nuevo ornamento que parecía de madera, había sido cariñosamente bautizado como «caja marrón». La sala pequeña, limpia y vacía de todo aquello que no servía, tenía solo un monitor

de televisor sobre una mesa pegada a una pared. El videojuego estaba colocado a la vista junto a él. Dos sillas de cara a la pantalla, otras diez dispuestas en dos filas un poco más atrás. Apenas había espacio para moverse.

Ralph Baer condujo a los invitados al interior de la sala. Su superior directo parecía aún más nervioso que él. Todos los demás mostraban expresiones que iban del aburrimiento al fastidio. Los dos Bill ya estaban dentro, de pie al lado de la mesa. Pálidos, serios y silenciosos como dos estatuas de yeso.

—Entonces —comenzó Baer. Y recordó que nunca se debía empezar con esa palabra—. Entonces —repitió, a su pesar.

Se pasó un dedo entre la garganta y el cuello de la camisa. ¿Le faltaba el aire?

Sus invitados intercambiaron miradas. Los que al principio solo estaban aburridos, empezaban a sentir ahora cierto fastidio.

—Nuestra empresa produce accesorios electrónicos para el ejército —recordó uno de los miembros de más edad del consejo de dirección. Estaba sentado en la segunda fila—. No entiendo por qué estamos aquí para hablar de... juegos.

Había hecho una pequeña pausa antes de la última palabra, que había pronunciado con desprecio.

—Señor —intervino el jefe de Ralph—, creo que deberíamos dejar que el señor Baer exponga el resultado de su investigación...

Ralph le dio las gracias con un simple gesto de cabeza.

—Entonces —dijo una vez más, pero intentó hacer como si nada—. Estoy convencido de que el televisor es ideal para jugar de manera interactiva.

—¿Por ejemplo? —lo interrumpió otro. Baer no lo había visto nunca. Tenía el pelo blanco dispuesto en pequeñas ondas: su cabeza parecía un mar encrespado por el viento—. Y, sobre todo, ¿por qué?

—Me parece que lo mejor será probarlo —sugirió Baer. Había entendido que con las palabras no iría muy lejos—. Por favor —murmuró, mientras alargaba uno de los dos dispositivos de control a «Ondas-en-la-cabeza»—. ¿Otro voluntario?

El tipo con el pelo ondulado se sentó delante del monitor. Pero nadie más se movió.

—De acuerdo. Ya jugaré yo —propuso Baer, cogiendo la otra «cosa». En dos palabras explicó las sencillas instrucciones al adversario—. Es básicamente como el tenis. ¿Preparado?

Antes de que el otro tuviera tiempo de responder, Ralph apretó el pulsador y la pelota (el menor de los tres puntos) apareció y cruzó la pantalla, evitando la raqueta (uno de los dos puntos más grandes) del adversario.

—Uno a cero —dijo Baer.

—¿Cómo?

Ralph le volvió a explicar todo de nuevo. Uno de los Bill se acercó para asistirlo.

—Dos a cero —exclamó Baer, cuando la segunda pelota pasó por el lado de la raqueta de «Ondas-en-la-cabeza».

—Lance otra —gruñó el anciano—. Ahora lo he entendido.

Y en efecto, la raqueta del hombre logró golpear la pelota. Baer, en cambio, simuló no llegar a tiempo.

—¡Ah! ¡Ahí tiene, joven! —Se giró hacia el público, con una sonrisa de oreja a oreja, esperando algún cumplido—. Venga, tire otra.

—El punto era suyo: es usted quien tiene que sacar —intervino Bill Harrison—. Pulse aquí.

La pelota atravesó la pantalla y, de nuevo, Baer falló a propósito.

—¡Dos iguales! —dijo «Ondas-en-la-cabeza» exultante—. ¿Preparado? ¡Ahí va otra!

Baer empezó a entrar en el juego, dosificando los errores voluntarios para mantener alto el interés del adversario. Pero, pase tras pase, el señor «Ondas-en-la-cabeza» iba ganando en habilidad.

Pronto los otros empezaron a protestar.

—¡Eh! —exclamó uno—. ¡Yo también quiero probar!

Baer se levantó y cedió su puesto. Eso era justo lo que esperaba que pasara.

Una hora después, todos los directivos de Sanders Associates, sin excepción, estaban discutiendo y gritando porque querían jugar.

—Señores —sugirió Baer, alzando las manos y sonriendo—. ¿Por qué no organizamos un torneo?

La compañía Magnavox sacó a la venta la «caja marrón» con el nombre de Odyssey, con una serie de láminas de plástico de color que se podían pegar a la pantalla del televisor para poder dar más realismo a los juegos. Fue un éxito. Pero la verdadera fiebre por los videojuegos domésticos estalló cuando Atari, una empresa de la competencia, copió el juego de Baer y lanzó su propia versión: Pong.

INTERNET Y LA WEB
LA RED GLOBAL

1990, CERN, Ginebra, Suiza

A esas horas de la noche solo había dos investigadores, ambos especializados en ordenadores e informática. La sala, amplia e iluminada con filas y filas de luces de neón, tendría unos cincuenta puestos de trabajo, y al menos el doble de ordenadores. Los grandes monitores, siempre encendidos, luchaban por hacerse un espacio en los escritorios repletos de hojas sueltas, carpetas, libros, bloques de notas y calculadoras, pero también peluches, muñecas y soldaditos, pequeños bonsáis y minicactus.

    Los dos que quedaban eran un inglés y un belga, Timothy Berners-Lee y Robert Cailliau. En el CERN era común trabajar con colegas originarios de países distintos. Era precisamente este ambiente tan diverso el que favorecía tener una mente abierta y, por consiguiente, el éxito de las investigaciones: cada nacionalidad tenía, sí, sus defectos, pero también sus virtudes, y la mezcla resultante era un éxito.

A Timothy Berners-Lee se le escapó otra palabrota. A Robert Cailliau, en cambio, se le escapó una sonrisa. Siempre era así: Tim era una persona tranquila, por lo general, pero cuando perdía la paciencia era ligero de lengua.

—¿Qué sucede? —le preguntó el belga.

—Pues que... ¿Qué quieres que pase? Siempre tengo los mismos puñeteros problemas.

Cailliau se levantó y, moviéndose con medida lentitud, llegó al puesto del amigo.

—¿Te puedo ayudar?

—¿Recuerdas cuál era el programa que se necesita para acceder a esos datos de los que hablábamos esta mañana? Esos de Dobson, de la Universidad de Boston.

El belga se llevó una mano a la cara y se pellizcó la punta de la nariz. Entornó los ojos. Pensaba.

—Me parece que deberías usar el... —Pensó un poco más, luego le vino a la memoria la respuesta—. ¡El Dataplex! —exclamó con aire triunfal.

Pero el amigo no reaccionó como él esperaba. En vez de darle las gracias, volvió a soltar una palabrota.

—¿Qué ocurre ahora?

—No sé qué es eso del Dataplex —siseó el inglés, entornando mucho los ojos y apretando los labios.

—Venga, aparta. Ya me encargo yo —sugirió Robert, dando una palmada en el hombro al amigo y empezando a teclear. Sus dedos parecían volar—. Ya está —dijo exultante tras unos minutos—. Los datos de Dobson están aquí, todos para ti.

Tim volvió a su puesto.

—Gracias —contestó. Y luego añadió—: Aunque así es imposible avanzar.

Desde hacía algunos años, muchos de los ordenadores de numerosas universidades del mundo estaban conectados entre sí. En teoría, cualquiera podía acceder a toda la información que pudiera necesitar. El problema era que cada ordenador era diferente, y cada uno registraba los datos con los programas o con los métodos que prefería. Esta babel de lenguajes y sistemas provocaba que el intercambio de información a menudo fuera muy complejo, y en ocasiones incluso imposible.

—Estoy de acuerdo contigo, Tim. Pero no creo que podamos hacer nada. Si sales a dar un paseo en bici por Alemania, tienes que hablar alemán. Si vas a la playa en Francia, debes entender el francés. Del mismo modo, si entras en el ordenador de Dobson, tienes que usar Dataplex. ¿Tú querrías que, en tu ordenador, te impusieran qué programa usar o cómo guardar tus datos? Venga, estamos en un mundo libre, ¿no?

—Si voy a Alemania, o a Francia, también puedo hablar inglés —protestó Tim.

El belga se echó a reír.

—Claro, vosotros, los ingleses, sois unos negados para las lenguas extranjeras. Habéis obligado a todo el mundo a adaptarse...

Tim se puso en pie y empezó a caminar por la oficina entre las filas de mesas y las madejas de cables que había en el suelo. Agitaba los brazos, eufórico.

—¡Precisamente! Toda la comunidad científica habla inglés: ¿no es más cómodo así? Si encontramos una lengua común también para los datos, todos podremos llegar de verdad a toda la información que en la actualidad está disponible en la red informática.

Cailliau, medio sentado en la mesa de su puesto de trabajo, con un codo apoyado sobre uno de sus monitores, observaba a su amigo. Ya no se reía: estaba demasiado concentrado.

—Te sigo —dijo—. Continúa.

—No sé. Alguna forma de conseguir que si tecleo el nombre de los datos que estoy buscando, estos me lleguen. Así, sin complicaciones.

Hablaron, discutieron, intercambiaron opiniones. Durante toda la noche, durante los días y semanas que siguieron. Sus mentes eran un hervidero de ideas, que iban afianzándose a cada paso. Tim desarrolló un sistema de intercambio de datos que podía ser usado por todo el mundo. Un programa llamado «server» enviaría la información a quien la requiriera; un programa llamado «navegador» permitiría visualizarlo. Siempre los mismos programas: ágiles, flexibles, fáciles de usar... pero que permitían gestionar todo tipo de información organizándola en «páginas» y «sitios», dejando gran libertad creativa.

Un día, cuando la investigación ya casi había terminado, el belga cogió del brazo a su amigo.

—¿Cómo vamos a llamar a esta maravilla, Tim?

—Lo tengo pensado: «World Wide Web», la red que se extiende por todo el mundo. ¿Te gusta?

—Me encanta. —Bajó el tono de voz y se puso serio—. Con esto vamos a conseguir un montón de dinero. ¿Lo sabes?

Tim negó con la cabeza.

—No. Sería un error. Con la web la información podrá ser universal: no estaría bien intentar que nos pagaran derechos por cada intercambio de datos. Y luego, si queremos que se difunda rápido, tiene que ser gratuito a la fuerza. ¡Imagina lo rápido que van a avanzar las investigaciones científicas, sin todo ese tiempo perdido para buscar la información!

Cailliau asintió.

—Tienes razón. Estoy de acuerdo contigo.

Tras solo tres meses de trabajo, ya tenían listos los programas.

—¿Y ahora? —preguntó Cailliau.

—Ahora nos vamos, y esperemos que la mayor cantidad posible de gente se una a nuestro viaje.

Se creó el primer «sitio web». Era una simple página que explicaba cómo funcionaba el sistema y que invitaba a todo el mundo a utilizarlo, gratuitamente, para difundir sus propios datos e información.

El éxito fue absoluto, global, increíble. Los sitios, es decir, las páginas de información, empezaron a aparecer como las flores en primavera. Decenas, centenares, miles, y más adelante millones de sitios nuevos. Cada día un número cada vez mayor se unía a la red.

Y, aunque el proyecto se dirigió a la comunidad científica para dar un impulso a la investigación, pronto la web atravesó las fronteras de la universidad y empezó a convertirse en un medio de divulgación de cualquier tipo de información: noticias, imágenes, publicidad, previsiones meteorológicas. Cualquier cosa.

Tim y Robert no daban crédito a lo que veían. Habían iniciado un terremoto informático que cambiaría el mundo para siempre. Y lo habían hecho solo en tres meses.

Y, como Robert se lamentaba alguna vez, nunca ganaron nada por ello. Pero no se quejaba en serio: igual que Tim, él también estaba orgulloso de lo que había hecho.

El éxito de la World Wide Web fue tal que su nombre del principio casi quedó en el olvido, y todos empezaron a llamarla simplemente internet. Pero su origen se encuen-

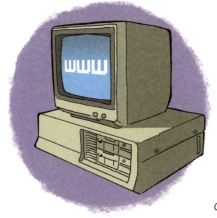

tra aún en esas tres letras con las que empiezan, en la mayoría de casos, las direcciones de los sitios: «www», precisamente para señalar que pertenecen a la World Wide Web. El primer sitio que Tim creó todavía está en línea. Se encuentra en la dirección: http://info.cern.ch/hypertext/WWW/TheProject.html. No es tan rico en diseño, o colores, o efectos especiales como los que hoy estamos acostumbrados a ver, pero fue la mecha que encendió la revolución digital.

Índice

1. **La calefacción central**
   El calor que envuelve — 5

2. **El papel**
   Un invento para el emperador — 13

3. **El lápiz**
   Un asunto muy político — 21

4. **El tren**
   La fuerza del vapor — 29

5. **La bicicleta**
   El caballo de madera — 37

6. **La fotografía**
   Pintar con la luz — 44

7. **El ordenador**
   Una mirada al futuro — 52

8. **La máquina de escribir**
   La llegada del teclado — 60

9. **El teléfono**
   La voz que nos acerca — 68

10. El automóvil
La carroza con motor

76

11. La radio
El nacimiento del sistema «inalámbrico»

84

12. Los rayos X
Mirar por dentro a las personas

92

13. El plástico
El material para todo

100

14. La televisión
La vida en una caja

108

15. Los antibióticos
El moho milagroso

116

16. El horno microondas
De la guerra a las palomitas

124

17. El videojuego
La máquina de la diversión

132

18. Internet y la web
La red global

140

El autor

Christian Hill es un ingeniero aeronáutico que, justo después de graduarse, decidió que no quería trabajar en ello. Así que se dedicó al periodismo, a la escritura, a la fotografía y al juego. Aunque siempre ha llevado los aviones en el corazón.
Vive en Milán, donde se dedica a la literatura infantil y juvenil.

El ilustrador

Giuseppe Ferrario nació en Milán en 1969. Después de estudiar en la Academia de Bellas Artes de Brera, trabajó como escenógrafo para el parque de Gardaland y empezó su carrera como ilustrador y dibujante de cómics.
Ha colaborado con Walt Disney, la Warner Bros, MTV. Escribe y dibuja cómics para *Il Giornalino*. Junto con dos amigos ha creado una empresa que produce dibujos animados.